Kathrin Sommerfeldt | Anke Fitting
Stephanie Berger | Britta Mailand

99 Tipps

Für Spanisch

Cornelsen

Die vier Autorinnen arbeiten als Fachteam Spanisch am IQSH (Institut für Qualitätsentwicklung an Schulen Schleswig-Holstein). Sie bilden dort die Spanischlehrkräfte aus.

Kathrin Sommerfeldt (Spanisch/Französisch/Sport) ist als hauptamtliche Studienleiterin und Landesfachberaterin am IQSH für die Aus- und Fortbildung von Spanischlehrkräften zuständig und als nebenamtliche Fachaufsicht Spanisch für das Ministerium in Schleswig-Holstein tätig. Sie ist Mitherausgeberin und Autorin der Zeitschrift „Der Fremdsprachliche Unterricht Spanisch". Eine ihrer zahlreichen fachdidaktischen Veröffentlichungen ist die „Spanisch Methodik".

Anke Fitting (Spanisch/Französisch) unterrichtet am Gymnasium Ricarda-Huch-Schule in Kiel. Sie arbeitete viele Jahre als abgeordnete Lehrkraft für Fachdidaktik Französisch und Spanisch an der Christian-Albrechts-Universität zu Kiel.

Stephanie Berger (Spanisch/Englisch) ist Lehrerin am Gymnasium Wentorf. Sie entwickelt Unterrichtsmaterialien für verschiedene Verlage.

Britta Mailand (Spanisch/Deutsch/Darstellendes Spiel) unterrichtet an der Auguste-Viktoria-Schule, einem Flensburger Gymnasium. Sie ist als Autorin für diverse Schulbuchverlage tätig.

Projektleitung: Amira Sarkiss, Berlin
Redaktion: Nadja Prinz, Köln
Illustrationen: Kristina Klotz, München (S. 72: Fön; S. 111 Hand); Liliane Oser, Hamburg (S. 72: Handtuch)
Umschlagkonzept: Jule Kienecker, Berlin
Umschlaggestaltung: LemmeDESIGN, Berlin
Technische Umsetzung: Jouve Germany GmbH & Co KG, München
Die Reihenkonzeption wurde von Cornelia Colditz und Claudia Kahlenberg im Rahmen eines studentischen Wettbewerbs im Studiengang Verlagsherstellung an der HTWK Leipzig (www.verlagsherstellung.de) unter Leitung von Julia Walch, Bad Soden, entwickelt.

www.cornelsen.de

1. Auflage 2017

© 2017 Cornelsen Verlag GmbH, Berlin. Alle Rechte vorbehalten.

Das Werk und seine Teile sind urheberrechtlich geschützt.
Jede Nutzung in anderen als den gesetzlich zugelassenen Fällen bedarf der vorherigen schriftlichen Einwilligung des Verlages. Hinweis zu den §§ 46, 52 a UrhG: Weder das Werk noch seine Teile dürfen ohne eine solche Einwilligung eingescannt und in ein Netzwerk eingestellt werden.
Dies gilt auch für Intranets von Schulen und sonstigen Bildungseinrichtungen.

Druck: AZ Druck und Datentechnik GmbH, Kempten

ISBN 978-3-589-15536-1

PEFC zertifiziert
Dieses Produkt stammt aus nachhaltig bewirtschafteten Wäldern und kontrollierten Quellen.
www.pefc.de
PEFC/04-31-2260

Inhaltsverzeichnis

Vorwort 7
10 Top-Tipps 9

Cómo organizarse – Organisation und Planung

TIPP 1: Die Lernumgebung nutzen 10
TIPP 2: Partnerarbeit organisieren 11
TIPP 3: Unterrichtsrituale einführen 12
TIPP 4: Transparenz erzeugen 13
TIPP 5: Heften eine Struktur geben 14
TIPP 6: Eine Halb-/Ganzjahresplanung machen 15
TIPP 7: Die Progression dem Kurs anpassen 16
TIPP 8: Material sinnvoll ablegen 17
TIPP 9: Den Elternabend stressfrei überstehen 18

Cómo empezar – Einstiege

TIPP 10: Mit Erfolgserlebnissen beginnen 20
TIPP 11: Das Kennenlernen mit Spracharbeit verbinden 22
TIPP 12: Erwartungen berücksichtigen 23
TIPP 13: Die erste Stunde nach den Ferien gestalten 24
TIPP 14: Eine Rallye einplanen 25
TIPP 15: Eine neue Unterrichtseinheit beginnen 26
TIPP 16: Einen Questweb durchführen 27
TIPP 17: Das Stundenthema angeben 29
TIPP 18: Lernzeit nutzen 31
TIPP 19: Den Stundeneinstieg ritualisieren 32

Cómo ser buen/a profesor/a – Handwerkszeug

TIPP 20: Eine didaktische Analyse vornehmen 33
TIPP 21: Grammatik „dienend" unterrichten 35
TIPP 22: Einen roten Faden spinnen 36
TIPP 23: Operatoren benutzen 38

TIPP 24: Materialien gut ausnutzen 39
TIPP 25: Das Smartphone sinnvoll einsetzen 40
TIPP 26: Variantenreich semantisieren 42
TIPP 27: Wortschatz systematisch erweitern 44
TIPP 28: Grammatik visualisieren 46
TIPP 29: Mit der Tafel arbeiten 48
TIPP 30: Eine Sicherung einplanen 49
TIPP 31: Ein Unterrichtsgespräch führen 50
TIPP 32: Effektive Gruppenarbeit anleiten 52
TIPP 33: Fehler korrigieren 54
TIPP 34: Das Unterrichtstempo steuern 55
TIPP 35: Sinnvolle Hausaufgaben geben 56
TIPP 36: Sprachliches Vorbild sein 58
TIPP 37: Sprachmittlung schulen 59
TIPP 38: Hörverstehen gezielt schulen 61
TIPP 39: Hörverstehensübungen konzipieren 62
TIPP 40: Die didaktische Route beachten 63

Cómo practicar en clase – Übungsideen

TIPP 41: Den Unterricht als Thema nutzen 65
TIPP 42: Vokabeln sinnvoll vernetzen 66
TIPP 43: Vokabeln spielerisch wiederholen 68
TIPP 44: Mit dem Wörterbuch arbeiten 70
TIPP 45: Kompensationsstrategien trainieren 71
TIPP 46: Inhalte spielerisch wiederholen 72
TIPP 47: Übungsmaterialien erstellen lassen 74
TIPP 48: Aussprache trainieren 75
TIPP 49: Das spanische „r" anbahnen 76
TIPP 50: Auswendig lernen lassen 77
TIPP 51: Mnemotechniken nutzen 78
TIPP 52: Den Umgang mit Konnektoren schulen 79
TIPP 53: Ein Portfolio anlegen 80
TIPP 54: Das Klassenzimmer verlassen 81
TIPP 55: Improtheater für die Spracharbeit nutzen 83

Cómo diferenciar – Differenzierung

TIPP 56: Gezielt Hilfen anbieten 84
TIPP 57: Aufgaben öffnen und schließen 85
TIPP 58: Mit Kompetenzrastern arbeiten 88
TIPP 59: In Klassenarbeiten differenzieren 89
TIPP 60: Fördern und fordern 91
TIPP 61: Muttersprachler fördern 92
TIPP 62: Schüler nicht unterfordern 93
TIPP 63: Schüler den Inhalt mitbestimmen lassen 94
TIPP 64: Legasthenikern gerecht werden 95
TIPP 65: Belohnungssysteme einführen 96

Cómo evaluar – Korrektur und Bewertung

TIPP 66: Feedback geben 97
TIPP 67: Regelmäßig die Mitarbeit einschätzen 98
TIPP 68: Vokabeltests ökonomisch gestalten 99
TIPP 69: Probearbeiten konzipieren lassen 100
TIPP 70: Spickzettel schreiben lassen 101
TIPP 71: Arbeiten besprechen 102
TIPP 72: Berichtigungen sinnvoll gestalten 104
TIPP 73: Mit einem Fehlerpapier arbeiten 106
TIPP 74: Individuelle Fehlerprotokolle anlegen 107
TIPP 75: Rezeptive Teilkompetenzen bewerten 108
TIPP 76: Sprechprüfungen organisieren 109
TIPP 77: Leistungen übersichtlich dokumentieren 110
TIPP 78: Den eigenen Unterricht bewerten lassen 111

Cómo defenderse – Überlebensstrategien

TIPP 79: Sparsam eigenes Material entwickeln 112
TIPP 80: Mit Teilgruppen sinnvoll arbeiten 113
TIPP 81: Eigene Abwesenheiten effizient füllen 114
TIPP 82: Ein Wiki einrichten 115
TIPP 83: Schülerwünsche erfüllen I 118
TIPP 84: Schülerwünsche erfüllen II 119
TIPP 85: Schülerwünsche erfüllen III 121

TIPP 86: Standardstunden parat haben 122
TIPP 87: Mit eigenen Fehlern umgehen 124
TIPP 88: Vertretungsstunden nutzen 124

Cómo abrir nuevos horizontes – Horizonterweiterung

TIPP 89: Auf *días especiales* eingehen 125
TIPP 90: *Mostrar y compartir* einplanen 126
TIPP 91: Einen Lektürekoffer bereitstellen 128
TIPP 92: Mit Kurzfilmen arbeiten 129
TIPP 93: Ausstellungen besuchen 130
TIPP 94: Interkulturelle Kontakte/Eindrücke anbahnen 131
TIPP 95: Austauschschüler integrieren 133
TIPP 96: Schüler in die Vorbereitung einer Kursfahrt einbeziehen 135
TIPP 97: Nachricht der Woche vorstellen lassen 136
TIPP 98: Selbst aktuell sein 137
TIPP 99: Eigene Stärken ausspielen 138

Register 139
Literaturhinweise 143

Vorwort

Unterrichten ist ein wenig wie Kochen. Es kommt auf die Zutaten und die Zubereitung an. Es soll nichts überkochen und auch nichts anbrennen.
Wenn dieses Buch mit 99 Tipps ein Kochbuch mit 99 Rezepten wäre, würden wir Ihnen versichern,
- dass Sie die Zutaten alle im Haus haben,
- dass die Zubereitungszeit minimal ist, weil wir wissen, dass Ihr Zeitbudget durch die vielen Anforderungen, die der Beruf des Lehrers mit sich bringt, immer knapp ist und
- dass die zubereiteten Stunden äußerst schmackhaft sind.

Unsere Tipps sind praxisorientiert. Wir würzen sie, wo sinnvoll, mit aktuellen theoretischen Erkenntnissen und schmecken sie, wo nötig, mit einem Schuss verbindlicher Vorgaben ab. Dabei berücksichtigen wir als Geschmacksrichtungen Schüler- und Lehrerinteressen und achten darauf, dass die Kost leicht verdaulich ist, die Tipps also sofort umsetzbar sind.

Mit Rezepten kann man lernen zu kochen, oder man kann seine Kochkünste um neue Ideen ergänzen. Egal ob Sie eine erfahrene Lehrkraft sind oder gerade erst anfangen – mit unseren Tipps wollen wir Ihren beruflichen Alltag erleichtern und bereichern.

Die Tipps liefern Anregungen für ganz unterschiedliche Bereiche des Spanischunterrichts: Planung und Organisation werden dabei ebenso angesprochen wie Standardsituationen bei der Vermittlung der Fremdsprache, z. B. Einstiege, Übungsphasen, Differenzierung und Bewertung. Das Buch bietet Handwerkszeug für alle Tage und Überlebensstrategien für die besonderen Momente.

So steht der Küche *para todos los gustos* auch bei stetig wachsendem Druck im beruflichen Alltag nichts im Weg.

Buen provecho wünschen
Kathrin Sommerfeldt, Anke Fitting, Stephanie Berger und Britta Mailand

P.S.: Aus Gründen der besseren Lesbarkeit verwenden wir in diesem Buch durchgehend die männliche grammatische Form. Damit sind selbstverständlich auch immer Frauen und Mädchen gemeint, also Lehrerinnen, Schülerinnen usw.

10 Top-Tipps ... Die Lieblingstipps der Autorinnen

16 Einen Questweb durchführen

22 Einen roten Faden spinnen

40 Die didaktische Route beachten

49 Das spanische „r" anbahnen

59 In Klassenarbeiten differenzieren

66 Feedback geben

86 Standardstunden parat haben

90 Mostrar y compartir einplanen

92 Mit Kurzfilmen arbeiten

98 Selbst aktuell sein

1 Die Lernumgebung nutzen

Unterrichtsraum spanisch gestalten

Wenn Sie einen festen Unterrichtsraum haben, bietet es sich an, den Raum dem Fach entsprechend zu gestalten: Ein Geburtstagskalender, Poster, der Stundenplan, *mapas, la palabra de la semana*, ein Schild mit der Aufschrift *Aquí se habla español* erzeugen ein spanisches Ambiente.

Beziehen Sie diese Dinge in den Unterricht ein: Nutzen Sie z. B. den Geburtstagskalender, um über die Geburtsdaten zu sprechen oder ein spanisches Geburtstagslied zu singen. Die *mapas* eignen sich für das Einführen/Wiederholen der geografischen Lage eines Landes / einer Stadt. Der Stundenplan sollte so groß sein, dass gemeinsam in der Klasse darüber gesprochen werden kann, wenn es um die Schule und die Uhrzeiten geht. Beim Gebrauch der deutschen Sprache reicht ein Verweis auf das Schild *Aquí se habla español*, das auch abgenommen werden könnte, um es dem Schüler zu geben,

▶ Tipp 36 der zuletzt Deutsch gesprochen hat (Tipp 36).

Leseecke einrichten Richten Sie außerdem eine Leseecke mit Büchern und Zeitschriften ein sowie eine Arbeitsecke, die zugleich als *parada*

▶ Tipp 60, 91 für schneller arbeitende Schüler dient (Tipp 60, 91).

Um die Ecke gedacht

Regen Sie in Ihrer Schule ein Raumkonzept an, das es Ihnen ermöglicht, Spanisch in einem Fachraum zu unterrichten. Häufig sind sich die Fremdsprachenfachschaften einig, weil sich ein moderner Unterricht viel leichter realisieren lässt, wenn man nicht zum Schwertransporter für CD-Player, Schulbücher, Materialien für den Unterricht und die Differenzierung usw. wird.

Gleich mal ausprobieren

Sie können bei den Verlagen Poster bestellen. Wenn Sie jedoch keinen festen Raum oder einfach nicht genug Platz haben, dann befestigen Sie eine Tafelfolie an der Wand, an der Sie Ihre Materialien / Ihre *palabra de la semana* platzieren und wenn nötig auch wieder abnehmen können.

Partnerarbeit organisieren

2

Sie wollen vermeiden, dass immer dieselben Schüler zusammenarbeiten? Nichts einfacher als das! Sie können dafür z. B. ein Verabredungssystem *(cinco citas)* einführen, bei welchem sich die Schüler jeweils fünf Partner suchen, mit denen sie über einen längeren Zeitraum abwechselnd in Partnerarbeitsphasen zusammenarbeiten. Diese Partner notieren sie in einer Tabelle (s. u.), die sie in ihr Spanischheft kleben, sodass sie ihnen jederzeit zur Verfügung steht. Wichtig ist, dass die Verabredungen gegenseitig getroffen werden – so sind im Beispiel Anna und Lina um 9 Uhr, Anna und Tim um 14 Uhr und Lina und Tim um 16 Uhr verabredet. Die Uhrzeit ist dabei lediglich der Name für die Partnerkonstellation.

Verabredungssystem
cinco citas

	a las 9	a las 11	a las 14	a las 16	a las 18
Anna	Lina	Sophie	Tim	Lukas	Marie
Lina	Anna	Marc	Sarah	Tim	Thorben
Tim	Marc	Thorben	Anna	Lina	Sarah
...					

Je nach Lerngruppe können ggf. weitere Vorgaben sinnvoll sein, z. B. die Verabredung mit mindestens zwei Jungen bzw. zwei Mädchen. Bei einer ungeraden Schülerzahl bleibt immer ein Schüler übrig. In diesem Fall bestimmen Sie für die einzelnen Uhrzeiten jeweils einen Schüler (wichtig: für jede Uhrzeit einen anderen!), der die Funktion des „Springers" übernimmt. Wenn also am betreffenden Tag ein Mitschüler fehlt, übernimmt der Springer dessen Part. Bei Anwesenheit aller Schüler lassen Sie einfach eine Gruppe zu dritt arbeiten. Zu Beginn der Partnerarbeitsphase verweist der Lehrer dann auf die entsprechende Uhrzeit *(Ahora vais a trabajar con vuestra cita de las 11)*. Auf diese Weise finden sich schnell und unkompliziert Zweiergruppen zusammen.
Alternativ lässt sich die Partner- und Gruppenbildung auch mit Spracharbeit kombinieren. So können sich die Schüler z. B. anhand von Gegensatzpaaren *(grande – pequeño, bonito –*

Gruppenfindung mithilfe von Gegensatzpaaren oder Wortfeldern *feo)* oder auch Wortfeldern *(silla – cama – armario – mesa; abuelo – hermana – madre – primo)* zusammenfinden. Ebenso ist eine Verknüpfung mit landeskundlichen Inhalten denkbar (lateinamerikanisches Land und zugehörige Hauptstadt). Die Schüler ziehen die Begriffe verdeckt aus einer Schachtel und suchen dann je nach Ansage der Lehrkraft ihre Partner *(Encontrad la palabra contraria / tres palabras más del mismo campo semántico …)*. Um die Aussprache auch im fortlaufenden Unterricht weiter zu trainieren, bieten sich Zungenbrecher für die Gruppenzusammensetzung an (Tipp 48).

Verknüpfung der Gruppenfindung mit landeskundlichen Inhalten

Gruppenfindung mittels Zungenbrechern
▶ Tipp 48

Achtung!

Um bei der Einführung des Verabredungssystems den Überblick zu behalten, sollten sich die Schüler im Klassenraum mit einem Partner zusammenstellen. Erst wenn alle für die erste Uhrzeit einen Partner gefunden und diesen in ihre Liste eingetragen haben, suchen sich die Schüler einen neuen Partner für die nächste Uhrzeit. Dieses Vorgehen wiederholt sich, bis sich für alle Uhrzeiten Partnerkonstellationen gefunden haben. Je nach Zuverlässigkeit der Lerngruppe kann es sinnvoll sein, sich als Lehrer ebenfalls die jeweiligen Paarkonstellationen zu notieren, um diese bei Bedarf auf Folie präsentieren zu können.

3 UNTERRICHTSRITUALE EINFÜHREN

Gerade in Klassen mit jüngeren Lernern ist häufig eine gewisse Unruhe zu beobachten. Unterrichtsrituale können einen guten Beitrag dazu leisten, diese zu minimieren.
Eine große Rolle spielt in diesem Zusammenhang das Bündeln der Aufmerksamkeit. So können die Schüler z. B. zu Beginn einer jeden Spanischstunde durch einen ritualisierten Einstieg (Tipp 19) „eingefangen" und auf das Spanische eingestimmt werden:

Die Aufmerksamkeit bündeln
▶ Tipp 19

- gemeinsames Singen eines spanischen Liedes
- Stellen von Fragen: ¿Qué fecha/día es hoy? ¿Qué tiempo hace? ¿Qué tal el fin de semana? etc.
- *charla de un minuto*
- Führen eines *diario*: Zu Beginn des Schuljahres besorgt der Lehrer ein Heft, in welchem die Schüler abwechselnd kleine Beiträge in Form eines *diario* verfassen und zu Beginn der Stunde vorstellen. Dabei können die Beiträge unterschiedlichste Formen haben – so berichtet ein Schüler von Erlebnissen des vergangenen Wochenendes, während der nächste sein Lieblingsbuch vorstellt.
- Vorstellen der *noticia de la semana* (Tipp 97)   ❯ Tipp 97

Rituale können darüber hinaus eine wertvolle Hilfe sein, um Unterrichtsphasen zu strukturieren.

- **Klatschzeichen:** Eine Arbeitsphase kann mit einem verabredeten rhythmisierten Klatschzeichen beendet werden, das vom Lehrer vorgegeben und von den Schülern „beantwortet" wird. Dieses Verfahren hat den Vorteil, dass die Schüler durch das Klatschen bereits ihre Stifte haben fallen lassen und somit nicht weitergeschrieben wird.   *Klatschzeichen zur Beendigung einer Arbeitsphase*
- *practicar:* Vor der Präsentation von Schülerarbeiten – z. B. eines Rollenspiels – sollte eine Phase eingeplant werden, in der die Schüler selbiges üben, damit der anschließende Vortrag möglichst frei erfolgen kann. Auch dieser Zwischenschritt kann ritualisiert werden und so zu besseren Endergebnissen beitragen.
- *5 minutos de corrección:* ritualisierte Fehlerkorrektur am Ende einer Stunde (Tipp 33)   ❯ Tipp 33

Transparenz erzeugen   4

Wenn Sie eine Gruppe neu übernehmen, teilen Sie in der ersten Stunde ein Blatt aus, auf dem in Rubriken steht, was wichtig ist: *Am Schuljahresanfang ein Informationsblatt an die Schüler austeilen*
- benötigte Arbeitsmaterialien (Anzahl und Art der Hefte, Heftführung, Zusatzmaterialien …)

- Regeln (Sitzordnung, Entschuldigungen, Umgang mit versäumten Hausaufgaben ...)
- Mitarbeit (Formen, Bewertungskriterien für mündliche und schriftliche Unterrichtsbeiträge ...)
- Tests und Klassenarbeiten (Anzahl, Art, Bewertungskriterien ...)
- Zusammensetzung der Endnote

Auf diesem Blatt können Sie auch Informationen vermerken, die für die Eltern relevant sind (Kontaktmöglichkeiten, Schüleraustausch, Anschaffungen).

Durch dieses Vorgehen erläutern Sie im Vorwege, was sonst in vielen einzelnen Fragen in Ihrem Unterricht oder in Gesprächen mit Eltern geklärt werden müsste und Sie ersparen sich lange Erklärungen auf dem Elternabend (Tipp 9).

› Tipp 9

5 HEFTEN EINE STRUKTUR GEBEN

Lernen bedeutet, neues Wissen mit vorhandenem zu vernetzen und es zu strukturieren. Wenn Sie also Ihre Schüler dazu anhalten, bereits in ihren Heften für Ordnung zu sorgen, wird ihnen auch das Lernen leichter fallen.

Gut sind Hefte, in denen das Datum und Bezüge zum Buch (Seitenzahl, Aufgabennummer etc.) auftauchen. Noch besser jedoch sind Hefte, die sich in verschiedene Abschnitte für unterschiedliche Inhalte gliedern, so z. B. in Abteilungen für Übungen, Grammatik und Wortschatz.

Das Heft in Abschnitte gliedern

Den Übungsteil nutzen die Schüler zum Lösen schriftlicher Aufgaben, die beiden anderen Teile dienen als Nachschlagewerk, in dem z. B. Grammatikregeln (Tipp 28), Mindmaps oder Vokabeln gesichert werden. Und auch diese lassen sich noch weiter strukturieren, etwa in eine Abteilung für *tiempos verbales*, mithilfe derer die Schüler sich nach und nach eine kompakte Übersicht über alle Zeiten erarbeiten. Der Abschnitt zum Wortschatz kann nach *unidades* geordnet werden, es wäre aber auch denkbar, ihn nach Wortfeldern zu strukturieren. Das kommt den *unidades* meist schon sehr nahe, hat aber den zusätzlichen Vorteil, dass bewusster mit

› Tipp 28

neuem Wortschatz umgegangen wird, wenn er Themen zugeordnet werden muss.
Um bei so vielen Unterteilungen den Überblick zu behalten, hilft Folgendes: Wenn Ihre Schüler ein Heft haben, können die einzelnen Abteilungen mit schmalen, beschrifteten Klebestreifen markiert werden. Vor allem jüngere Schüler haben auch Spaß daran, für jeden großen Abschnitt eine Titelseite zu gestalten, die dann ins Heft eingeklebt werden kann. Für einen Hefter eignen sich Trennblätter, die etwas breiter als normale DIN-A4-Seiten sind und so ein Register bilden können.

Mit Klebestreifen Übersicht schaffen

Gleich mal ausprobieren
Auch mitten im Schuljahr ist es noch nicht zu spät, den Heften etwas mehr Struktur zu geben. Lassen Sie Ihre Schüler die Hefte sichten, ein Inhaltsverzeichnis erstellen und die Themen mit verschiedenfarbigen Haftstreifen kennzeichnen. Dabei werden bereits erarbeitete Inhalte noch einmal umgewälzt und gefestigt.

Um die Ecke gedacht
Insbesondere im fortgeführten Spanischunterricht bieten sich inhaltlich orientierte Abschnitte an, an deren Ende stets ein Raster zur Selbstevaluation eingefügt werden könnte, mit dem die Schüler ihren Lernzuwachs im Sinne eines Portfolios überprüfen.

Eine Halb-/Ganzjahresplanung machen

6

Haben Sie auch schon die unangenehme Erfahrung gemacht, dass die Zeit am Ende des Schuljahres sehr knapp wird und Sie vor der scheinbar unlösbaren Aufgabe stehen, innerhalb von vier Wochen noch den Inhalt von drei Lektionen „abarbeiten" zu müssen? Solch ein Stress lässt sich vermeiden! Grundlage dafür ist eine gute Halb- und Ganzjahresplanung. Insgesamt stehen Ihnen durchschnittlich 40 Schulwochen

Nicht mehr als 2/3 der (scheinbar) zur Verfügung stehenden Zeit verplanen!

zur Verfügung – doch Vorsicht: Diese reduzieren sich in der Regel durch äußere Gegebenheiten (Klassenfahrten, Projekte etc.), sodass Sie von vornherein einen Puffer einplanen und von 30 Wochen ausgehen sollten. Auf diese Wochen können Sie nun die Anzahl der zu behandelnden Lektionen, die je nach Lehrwerk und schulinternem Curriculum variieren, verteilen. So sehen Sie, dass Ihnen pro *unidad* z. B. max. 16 Stunden zur Verfügung stehen, auf die Sie die Unterrichtsinhalte verteilen. Erst dann beginnen Sie mit der Planung der Einzelstunden.

Diese Herangehensweise lässt sich genauso auf den Oberstufenunterricht übertragen: Dort nehmen Sie eine Einteilung des Kursthemas in verschiedene Unterthemen vor und kalkulieren, wie viele Stunden Sie mit welchem Teilthema arbeiten wollen. Erst im Anschluss beginnt die detaillierte Planung der Einzelstunden.

Von der Grob- zur Detailplanung

Achtung!
Dieses Verfahren lässt sich selbstverständlich auch auf jede einzelne Unterrichtsstunde übertragen: Planen Sie auch dort jeweils ausreichend Puffer ein (Tipp 34)!

❯ Tipp 34

Um die Ecke gedacht
Durch das Erstellen einer solchen Übersicht wird Ihnen auch die zeitliche Planung der Klassenarbeiten deutlich leichterfallen. Gerade bei zusammengesetzten Klassen bietet es sich an, die Arbeiten möglichst zu Beginn des Schuljahres einzutragen.

7 DIE PROGRESSION DEM KURS ANPASSEN

Beginnt an Ihrer Schule der Spanischunterricht auf verschiedenen Stufen? Dann stehen Sie vor einer besonderen Herausforderung: Während der Spracherwerbsphase sind dieselben Redemittel und Grammatikthemen zu vermitteln. Da sich aber die Lerngruppen bzgl. ihres Alters und der damit verbundenen Interessen und Vorerfahrungen unterscheiden, müssen Sie die Unterrichtsplanung anpassen und können Ihre Materialien und Methoden nicht ohne Weiteres übertragen. Machen Sie sich klar, welches Endniveau die Gruppen jeweils in 7, 5 oder 3 Lernjahren erreichen sollen. Das liegt zumeist gar nicht weit auseinander! Und dann planen Sie „von hinten" und legen fest, wie weit Sie in welchem Lernjahr kommen müssen (Tipp 6). So verlieren Sie das Ziel nicht aus dem Auge. Sie werden feststellen, dass die Progression umso schneller und steiler sein muss, je später der Spanischunterricht einsetzt. Folglich müssen Sie hier Verfahren wählen, die das Vorwissen der älteren Lerner und ihre Fähigkeit zu selbstständigem Arbeiten berücksichtigen. Während die „Kleinen" sich freuen, wenn Sie den Wortschatz z. B. zum Wortfeld „Kleidung" mit Realien an einer Wäscheleine im Klassenzimmer einführen und sie anschließend selbst beim Üben mit den Kleidungsstücken hantieren dürfen, wird bei den „Großen" damit wertvolle Unterrichtszeit im wahrsten Sinne des Wortes „verspielt". Während bei den „Kleinen" die Erarbeitung des *futuro* mit *ir a* oder des *gerundio* mit *chunks* (Tipp 50) imitativ und einschleifend erfolgt, kann bei den „Großen" das Entdecken oder die Bewusstmachung der Parallelität zum Französischen bzw. Englischen die Erkenntnisphase wesentlich verkürzen. Auch das Tafelbild wird dementsprechend anders aussehen.

Grobplanung „von hinten" vornehmen
❯ Tipp 6
Am Ziel orientieren

Unterrichtsverfahren dem Entwicklungsstand anpassen

Bei den „Kleinen" mit *chunks* arbeiten
❯ Tipp 50

MATERIAL SINNVOLL ABLEGEN

8

Kennen Sie das: Sie suchen mal wieder etwas, von dem Sie sicher sind, es irgendwo abgelegt zu haben? Dann ist es Zeit für ein Ordnungssystem, das den Namen verdient! Hier kommt die „doppelte Buchführung" zum Einsatz:
Egal ob in Papierform oder digital, ordnen Sie Ihre Materialien zum einen nach thematischen Gesichtspunkten. Legen Sie also z. B. einen Ordner zum Thema *México* an, einen für „Grammatik" (unterteilt in die einzelnen Kapitel) usw. Ordnen Sie Ihre Materialien außerdem dem Lehrwerk zu, mit

Material nach thematischen Gesichtspunkten ordnen

Material den *unidades* des Lehrwerks zuordnen	dem Sie arbeiten, und zwar indem Sie für jede *unidad* eine Rubrik vorsehen, in der Sie alles sammeln, was Sie zu der Lektion haben / gebraucht haben bzw. gebrauchen könnten. Wenn Sie schönes Material besitzen, das sowohl zum Thema *México*, zur Lehrbuchlektion 6 als auch zur Grammatik passt, dann legen Sie dies jeweils in allen passenden Ordnern ab. So müssen Sie nicht lange suchen und finden alles dort, wo Sie es brauchen!
Mehrfachablage praktizieren	

Um die Ecke gedacht

Fachschaftsordner anlegen	Regen Sie an, dass im Rahmen der Lehrbucharbeit Fachschaftsordner angelegt werden, in denen alle Kollegen ihre Kopiervorlagen zu den einzelnen *unidades* abheften. Daraus ergibt sich ein wunderbares gegenseitiges Geben und Nehmen, das zur Arbeitsentlastung aller beiträgt und zudem eine Hilfe sein kann bei spontan durchzuführenden Vertretungsstunden.

Gleich mal ausprobieren

Kopierte Arbeitsblätter verwalten	Innerhalb des Lehrwerksordners sollten Sie in einer Klarsichthülle alle kopierten und den Schülern ausgeteilten Arbeitsblätter sammeln, dann behalten Sie den Gesamtüberblick über das, was die Schüler haben (müssten). Zusätzlich bietet es sich an, eine Klarsichthülle mit den *sobras* (den übriggebliebenen Kopien) in der Tasche zu haben, damit Sie im Falle der Abwesenheit eines Schülers nicht lange suchen müssen und locker reagieren können, wenn der sonst so zuverlässige Nachbar die mitgenommenen Kopien eben nicht weitergegeben hat oder dann selbst abwesend ist.

9 Den Elternabend stressfrei überstehen

Der erste Elternabend in der neuen Klasse steht an und Sie sollen Ihr Fach vorstellen? Gerade Berufsanfängern kann es dabei schon ein bisschen mulmig zumute werden, weil man ja nie weiß, was kommt ...

Das muss nicht so sein! Versetzen Sie sich in die Situation der Eltern und überlegen Sie sich, was diese wohl interessieren wird. Dementsprechend bereiten Sie sich vor. Das können Sie durchaus auch in Stichpunkten auf Kärtchen festhalten.

| Fragen antizipieren

In der Regel werden Sie kurz etwas zu Ihrem Unterricht, den geplanten Inhalten und vielleicht zu besonderen Methoden sagen. Außerdem sollten Sie ein paar Worte über das Lernverhalten der Klasse verlieren und natürlich besondere Vorhaben wie eine Sprechprüfung oder einen Ausflug erwähnen.

Schaffen Sie Transparenz, indem Sie erklären, was Sie von den Schülern erwarten (Tipp 4), wie Vokabeltests und Klassenarbeiten bei Ihnen aussehen, ob sie angekündigt werden und wie die Kinder am besten dafür lernen sollten. Nennen Sie auch eine Kontaktmöglichkeit, unter der die Eltern Sie erreichen können. Überlegen Sie, ob Sie Ihre Telefonnummer herausgeben; schränken Sie in diesem Fall Ihre Erreichbarkeit durch ein Zeitfenster ein. Stressfreier für Sie ist es, wenn Sie eine E-Mail-Adresse angeben: Der Vorteil liegt darin, dass die Eltern ihr Anliegen und ihre eigene Telefonnummer nennen und Sie sich auf den Inhalt des Gesprächs einstellen und zurückrufen können.

| Transparenz schaffen
| ❯ Tipp 4

Die meisten Eltern freuen sich auch über konkrete Tipps, wie sie ihre Kinder zu Hause unterstützen können. Das ist Ihre Chance: Überlegen Sie, was Ihnen wichtig ist, und machen Sie die Eltern zu Ihren Verbündeten: Heftführung (Tipp 5), Vokabellernen, Arbeitsatmosphäre zu Hause können Themen sein, die Sie mit den Eltern besprechen.

| Eltern beteiligen
| ❯ Tipp 5

Und wenn wirklich Kritik kommt? Nehmen Sie die Anliegen der Eltern ernst! Überlegen Sie dabei, ob es ein Problem der ganzen Gruppe oder eines einzelnen Schülers ist. Letzteres müsste in einem Einzelgespräch geklärt werden. Im anderen Fall versuchen Sie, Ihren Standpunkt zu erläutern; seien Sie aber auch offen für Anregungen und nehmen Sie Probleme, die Sie nicht spontan lösen können, mit in ein Nachgespräch mit den einzelnen Eltern, dem Klassenlehrer oder der Stufenleitung.

| Sorgen ernst nehmen

Gleich mal ausprobieren

Auch in allen Elterngesprächen gilt: Bereiten Sie sich gut vor und überlegen Sie, welche Rückmeldung Sie den Eltern geben und welche Hilfsangebote Sie machen können. Auch wenn's manchmal schwerfällt: Versuchen Sie, die Sorgen der Eltern, die einen anderen Blick auf ihr Kind haben, nachzuvollziehen, bleiben Sie konstruktiv und zeigen Sie Wege auf, die beide Parteien gehen können.

Um die Ecke gedacht

Sollten Sie sich mal über ein Elterngespräch ärgern, kann es helfen, die Kommunikation noch einmal Revue passieren zu lassen. Überlegen Sie, mit welchem „Ohr" nach Schulz von Thun (dem Sachohr, dem Beziehungsohr, dem Appellohr oder dem Selbstoffenbarungsohr) Sie die Aussage der Eltern – z. B. „Die letzte Klassenarbeit war aber ganz schön schwer" – gehört haben. Vielleicht haben Sie etwas gehört, was gar nicht gemeint war, und Sie ärgern sich grundlos?

10 MIT ERFOLGSERLEBNISSEN BEGINNEN

Anfangsmotivation nutzen

❯ Tipp 5

❯ Tipp 4

Die erste Spanischstunde ist immer etwas ganz Besonderes. Die meisten Schüler freuen sich darauf, sind neugierig und wollen so schnell wie möglich mit dem Lernen beginnen. Vergeuden Sie diese wertvolle Anfangsmotivation nicht mit einer Stunde, die Sie hauptsächlich organisatorischen Details widmen! Bewertungskriterien, Klassenarbeitstermine, Heftführung (Tipp 5) und Weiteres können auch am Ende der Stunde besprochen oder zunächst schriftlich bekannt gegeben werden (Tipp 4).

Gerade im spät beginnenden Spanischunterricht haben die Schüler mitunter schon eine hohe passive Sprachkompetenz. Diese setzt sich zusammen aus einer erhöhten Sprachlernkompetenz (z. B. Wortschließungsstrategien, Kenntnisse über den strukturellen Aufbau einer Sprache), Alltagswissen aus Filmen und Serien, sozialen Netzwerken, Werbung und Musik oder persönlichen Begegnungen mit Spanischsprechern im Freundeskreis oder im Urlaub.

Mehr als ein *Me llamo ...* und *Una Coca-Cola, por favor* werden die meisten in der ersten Stunde trotzdem noch nicht mitbringen; gleichwohl ist das passive Potenzial enorm. Geben Sie den Schülern daher authentisches Material zum ersten Entdecken der Sprache. Authentisches Material muss nicht immer Papierform haben: Nutzen Sie das Internet nach dem gleichen Prinzip! Auf einem Smartboard können Sie spanische Websites zeigen und mit den Schülern erschließen. Verknüpfen Sie Bekanntes und Aktuelles, zu dem Ihre Schüler schon viel Vorwissen mitbringen (z. B. Fußball, Stars, Produkte, Olympische Spiele), mit der für die Schüler neuen spanischen Sprache.

<small>Passives Sprachwissen einbeziehen</small>

Alternativ könnten Sie mit Magazinen arbeiten, die Bekanntes mit Neuem verbinden, also z. B. Titel, die es auch in Deutschland gibt (z. B. *Glamour, Bravo*), Hefte, die über international bekannte Stars berichten (z. B. *Hola*), oder populärwissenschaftliche Zeitschriften mit kurzen, spannenden Artikeln, die die Schüler interessieren könnten (z. B. *Muy Interesante*).

<small>Bekanntes mit Neuem verbinden</small>

Wenn Sie die Magazine nicht selbst aus Spanien beziehen können, gibt es die Möglichkeit, sie im Internet zu bestellen (meist allerdings nur im Abo) oder sie in gut sortierten Bahnhofsbuchhandlungen zu kaufen.

Achtung!

Am Ende der ersten Stunde sollten alle Schüler erste kleine Äußerungen tätigen können! Neben der Vorstellung mit dem Namen und dem Herkunftsort gleich zu Beginn bieten sich dafür ganz einfache Sätze mit *ser* an (z. B. *Lionel Messi es un futbolista*), die rund um die neu erschlossenen Vokabeln gebildet werden.

> Tipp 88

SOS-Tipp

Sie müssen spontan eine Vertretungsstunde geben (Tipp 88)? Auch für diesen Fall sind spanische Magazine Gold wert: Egal ob die Schüler schon Spanisch können oder nicht, sie werden Spaß haben, in den fremden Magazinen zu blättern und Wörter zu erschließen. Geben Sie z. B. die Aufgabe, eine Wortliste zu erstellen. Wettkampfcharakter bekommt der Auftrag, wenn Sie eine Wette abschließen: „Ich wette, dass ihr es nicht schaffen werdet, 25 spanische Wörter mit der korrekten deutschen Bedeutung aufzuschreiben."

DAS KENNENLERNEN MIT SPRACHARBEIT VERBINDEN

11

Sie übernehmen einen Kurs, der bereits über Vorkenntnisse im Spanischen verfügt, sich aber neu zusammensetzt und dessen Schüler dementsprechend noch nicht miteinander vertraut sind. Warum verbinden Sie das Kennenlernen nicht gleich mit Spracharbeit?

Kennenlernbingo

Sie können z. B. zu Beginn mit dem Kurs ein Bingospiel durchführen, in dem die Schüler Mitschüler finden müssen, auf die die einzelnen Aussagen eines von Ihnen vorbereiteten Bingofeldes (4x4 oder 5x5 Kästchen) zutreffen. Je nach bislang behandelten Inhalten können dies Aussagen sein wie *Tiene la misma edad que tú. Tiene un hermano mayor. Practica algún deporte. Toca algún instrumento. Comparte una afición contigo* oder auch noch konkreter *Juega al fútbol. Toca el piano. Escucha música pop.* Sobald jemand eine Reihe fertig ausgefüllt hat, ruft er „Bingo". Das Spiel kann auch noch weitergespielt werden bis zum „Superbingo", bei dem alle Kästchen ausgefüllt sein müssen.

Busca a alguien

Eine Variante dieses Kennenlernspiels ist *Busca a alguien*, bei dem die Schüler ebenfalls durch die Klasse gehen, sich gegenseitig befragen und dabei versuchen, für jede Aussage einen Mitschüler zu finden, auf den diese zutrifft (z. B. *Busca a alguien que hable otro idioma que tú / que practique el mis-*

mo deporte / que tenga una mascota / que tenga por lo menos dos hermanos).

Um die Ecke gedacht

> Nehmen Sie selbst aktiv an den Kennenlernspielen teil! Auf diese Weise erfahren Sie direkt das ein oder andere von Ihren neuen Schülern und können sich zugleich – ganz nebenbei – einen ersten Überblick über die Spanischkenntnisse Ihres Kurses verschaffen.

Sich einen ersten Überblick verschaffen

ERWARTUNGEN BERÜCKSICHTIGEN

12

Sie übernehmen einen fortgeführten Spanischkurs neu: Überraschen Sie doch die Schüler in der ersten Stunde mit einem persönlichen, auf Spanisch verfassten Brief, der an jeden Schüler einzeln ausgeteilt wird und in dem Sie Ihre Wünsche, Hoffnungen und Erwartungen für die gemeinsame Kursarbeit formulieren. Sie sprechen die Schüler damit auf einer emotionalen Ebene an, machen Ihre Vorstellungen von Anfang an transparent (Tipp 4) und schaffen so eine sehr gute Basis für eine konstruktive Zusammenarbeit. Bitten Sie die Schüler, Ihnen – natürlich ebenfalls in der Fremdsprache – auf den Brief zu antworten und gleichermaßen ihre Wünsche, Erwartungen und eventuellen Bedenken zu formulieren. Die Schüler reagieren immer sehr positiv auf diese Briefe, da sie sich wahr- und ernstgenommen fühlen. Und Sie verschaffen sich auf diese Weise einen ersten Eindruck über den Leistungsstand der Schüler.

Verfassen eines persönlichen Briefes mit persönlichen Wünschen und Erwartungen

▶ Tipp 4

Nachdem Sie die Briefe erhalten und ausgewertet haben, sollte auf der Basis dieser Ergebnisse im Plenum der „Fahrplan" für die weitere Zusammenarbeit gemeinsam festgelegt werden (eventueller Wiederholungsbedarf, Festlegen von Themen/Schwerpunkten, methodische Herangehensweisen etc.). Diese Vorgehensweise bezieht die Schüler aktiv in den Planungsprozess ein, sodass sie Selbstwirksamkeit erfahren und Verantwortung für ihr eigenes Lernen übernehmen.

Gemeinsam Themen/ Schwerpunkte des Unterrichts entwickeln

Selbstwirksamkeit erfahren

13 DIE ERSTE STUNDE NACH DEN FERIEN GESTALTEN

An Jahreszeiten und Festtage anknüpfen

Wie können Sie die erste Stunde nach den Ferien so gestalten, dass der Übergang fließend ist, die Stunde sowohl den Schülerbedürfnissen als auch Ihren Ansprüchen gerecht wird und dieser besondere Tag gewürdigt wird? Knüpfen Sie doch an die Jahreszeit und/oder die jahreszeitlichen Feste an:

- Im Sommer können Sie die Ferienaktivitäten (auch in der Vergangenheitsform) wiederholen, im Herbst ein *asociograma* zum Wetter und den typischen Freizeitgestaltungen erstellen oder ein Herbstgedicht verfassen lassen (Tipp 86).

▶ Tipp 86

- Nach den Weihnachtsferien haben Sie die Gelegenheit, über den *Día de Reyes* zu sprechen und im Futur Vorsätze für das neue Jahr formulieren zu lassen.
- Die Osterzeit eignet sich, um die *Semana Santa* mit unseren Ostergebräuchen zu vergleichen. Dazu gibt es viele Materialien, die lehrbuchunabhängig eingesetzt werden können (z. B. Kurzfilme zu den Osterprozessionen). Auch die Verlage bieten häufig jahreszeitbezogene, schöne Materialien kostenlos zum Download an.

Material kostenlos herunterladen

- Nach den Pfingstferien können die Schüler die perfekten *vacaciones de verano* im spanischsprachigen Ausland planen, den anderen ihr Programm vorstellen und gemeinsam das beste Programm auswählen.

Landestypische Ereignisse/ Traditionen thematisieren

Diese besonderen Stunden bieten häufig einen guten Anlass, landestypische Ereignisse, Traditionen und Aktivitäten zu thematisieren, die während der Lehrbucharbeit zu kurz kommen, aber für das Kennenlernen des Landes von großer Bedeutung sind. Alternativ können Sie natürlich auch eine Wiederholungsstunde gestalten (Tipp 46).

▶ Tipp 46

Gleich mal ausprobieren

Einige Verlage geben sehr nützliche Sprachenkalender heraus, die für jeden Tag passende Geschichten, Sprichwörter oder Übungen bieten. Dabei sind insbesondere Rubriken wie *cultura & sociedad* oder *lenguaje vivo* für die Einstiegsstunden nach den Ferien interessant.

EINE RALLYE EINPLANEN

14

Sechs Wochen Sommerferien – ein Traum!? Wenn Sie an zuvor behandelte Inhalte des Spanischunterrichts anknüpfen und nahtlos weiterarbeiten wollen, dürften sich die Ferien häufig eher als Albtraum herausstellen, da sich vermutlich nur ganz wenige Schüler in den vergangenen Wochen aktiv mit der Sprache beschäftigt haben. Was also tun?
Im Alltag haben sich Wiederholungsrallyes bewährt. Auf diese Art und Weise können in spielerischer Form Inhalte aufgegriffen, wiederholt und gefestigt werden, um so (erneut) eine gemeinsame Basis für die weitere Arbeit zu schaffen. Schön und gut, meinen Sie, aber das Erstellen einer solchen Rallye kostet Sie wieder sehr viel Vorbereitungszeit? Kein Problem, sagen wir. Warum binden Sie dafür nicht die Lerngruppe selbst ein? Gerade am Ende eines Schuljahres entsteht ein gewisser Leerlauf, wenn bereits alle Klassenarbeiten geschrieben sind und die Noten feststehen. Sie könnten diese Zeit gut nutzen, um eine solche Rallye von den Schülern entwickeln zu lassen, die dann nach den Sommerferien – entweder im eigenen Kurs oder in einer Parallelgruppe – zum Einsatz kommt. Dabei ist ein Vorgehen in Kleingruppen ebenso denkbar wie das Bilden von Expertenteams für die verschiedenen Bereiche (Wortschatz, Grammatik, verschiedene Themen). Zu weiteren Möglichkeiten, Inhalte spielerisch zu wiederholen bzw. das „Sommerloch" sinnvoll zu nutzen, siehe auch Tipp 46.

Inhalte spielerisch wiederholen

Nach den Ferien an Bekanntes anknüpfen

Schüler in die Erarbeitung der Rallye mit einbeziehen

❯ Tipp 46

Um die Ecke gedacht

Rallyes bieten sich auch an, um sich mit einem (neuen) Lehrbuch vertraut zu machen: Wie sind die *unidades* aufgebaut? Wo finde ich neues Vokabular, Hinweise zur Grammatik, zu landeskundlichen Informationen, zu methodischen Tipps etc.? Welche Symbole werden verwendet und wofür stehen sie? Inzwischen bieten manche Verlage selbst fertige Rallyes zu ihren Lehrbüchern an.

> Tipp 44

> Rallyes können darüber hinaus auch zum Einsatz kommen, um die Schüler an die systematische Arbeit mit dem Wörterbuch heranzuführen (Tipp 44).

15 EINE NEUE UNTERRICHTSEINHEIT BEGINNEN

Vorwissen abrufen
Hypothesen bilden

Wenn Sie eine neue Unterrichtseinheit beginnen, ist es sinnvoll, zunächst individuelles Vorwissen abzurufen oder durch Hypothesenbildung eine Erwartungshaltung der Schüler aufzubauen. Dies kann auf unterschiedliche Weisen geschehen:
- Anlegen einer *mapa mental*: Legen Sie gemeinsam eine *mapa mental* an, die im weiteren Unterrichtsverlauf ergänzt wird.
- Durchführen einer Blitzlicht-Runde oder eines Marktplatzes/Omniumkontaktes: Die Schüler erhalten ein Blatt mit verschiedenen Aspekten oder Fragen zu einem Thema, welche sie zunächst allein und dann durch die Befragung von Mitschülern zu beantworten bzw. zu klären versuchen.

Abrufen von Vorwissen am Beispiel Mexikos	
la capital	Frida Kahlo
geografía	la comida mexicana
días festivos	problemas
historia	cultura
...	...

> Tipp 16

- Durchführen eines Questweb (Tipp 16)

Erwartungshaltung aufbauen

Für den Aufbau einer Erwartungshaltung bieten sich Realia sowie Bildimpulse in besonderem Maße an. Die Schüler werden auf einer affektiven Ebene angesprochen und erhalten so einen guten Zugang zum Thema. Das funktioniert z. B. mit dem Einrichten einer „Ausstellung": Platzieren Sie zu Beginn der Einheit verschiedene Gegenstände, Fotos und/oder Bilder zu einer bestimmten Thematik auf einem Tisch in der Mitte des Klassenraumes, um den sich die Schüler gruppieren. Sie können sich zunächst mit den mitgebrachten Materialien vertraut machen und schließlich jeweils ein Objekt wählen, welches sie den Mitschülern beschreiben. Die Klasse soll ggf. darüber spekulieren, in welchem Zusammenhang das Objekt mit der zu behandelnden Thematik steht. Im Laufe der Unterrichtseinheit kann darauf dann immer wieder Bezug genommen werden. Denkbar ist es auch, als Abschluss der Einheit die Materialien erneut aufzubauen, um das Erlernte/Erfahrene auf diese Weise noch einmal zu rekapitulieren.

Um die Ecke gedacht
Realia haben eine nicht zu unterschätzende Bedeutung im Fremdsprachenunterricht. Nutzen Sie Ihre Aufenthalte im spanischsprachigen Ausland auch dafür, sich einen entsprechenden Fundus anzulegen. Das muss nicht einmal mit Kosten verbunden sein – so sind z. B. Werbeprospekte ideal für den Einsatz in den allerersten Spanischstunden (Tipp 10). ❯ Tipp 10

EINEN QUESTWEB DURCHFÜHREN

Wenn Sie einmal anders in eine thematische Einheit einsteigen wollen, ist die Durchführung eines Questwebs eine gute Idee. Sicher kennen Sie bereits die Methode des Webquest, bei dem die Schüler im Internet Antworten auf vorgegebene Fragen suchen. Der Questweb hat dasselbe Ziel, ist aber die Umkehrung des Verfahrens: Zu vorgegebenen Antworten müssen die passenden Fragen gefunden werden. Folgendermaßen gehen Sie vor:

alternativer Einstieg in ein neues Thema

Informationen aus dem Internet entnehmen

16

- Sie überlegen sich 15 bis 20 Antworten, z. B. Jahreszahlen, Namen, Abkürzungen ... Als Einstieg in eine Unterrichtseinheit zu Cuba in der Oberstufe wären u. a. folgende Antworten denkbar: *1898, Hatuey, "La historia me absolverá",*

Playa Girón, Elián, Granma, La Bayamesa, 1° de enero, CUP y CUC, ALBA, Ike, orisha, malecón, libreta, balseros.
- Sie präsentieren den Schülern diese Antworten an der Tafel oder auf einem Arbeitsblatt und erklären, was gemacht werden soll: *Un "questweb" funciona como un "webquest", pero al revés. Tenéis aquí las respuestas a 15 preguntas sobre Cuba. Encontrad las preguntas que se hicieron y apuntadlas.*
- Dann teilen Sie ggf. Paare oder Kleingruppen ein und nennen die Regeln: *Utilizad solo páginas web en español. Está prohibido buscar en Wikipedia.* Dieses „Verbot" hat den Hintergrund, dass sich Wikipedia sehr gut dazu eignet, schnell eine Antwortliste zu erstellen; die Schüler hätten hier die meisten Informationen auf einen Blick.
- In der nächsten Phase arbeiten die Schüler entsprechend mit ihrem Partner, ihrer Kleingruppe oder allein an der Aufgabe.
- Abschließend werden die Ergebnisse im Plenum präsentiert und verglichen.

Achten Sie darauf, bei Begriffen, zu denen mehrere Fragen möglich sind (hier z. B. *Granma, Playa Girón, orisha, balseros*), verschiedene Varianten einzufordern, damit der Themenaufriss möglichst breit wird. Wenn Sie die gefundenen Fragen festhalten, haben Sie übrigens gleich eine Wissensüberprüfung für das Ende der Unterrichtseinheit vorbereitet!

Ein großer Vorteil: Bei der Vorbereitung eines Questweb bekommen auch Sie als Lehrkraft schnell wieder einen Gesamtüberblick über das Thema!

Achtung!
Einige Schüler sind immer schneller als der Rest der Klasse. Halten Sie für diese Schüler zusätzliche Antworten bereit.

Um die Ecke gedacht
❱ Tipp 25

Diese Aktivität lässt sich natürlich besonders gut im Computerraum durchführen. Wenn an Ihrer Schule die Benutzung des Smartphones (Tipp 25) erlaubt ist oder Ihre Gruppe sogar digital ausgestattet ist, dann funktioniert der Questweb auch im Klassenraum.

Gleich mal ausprobieren
Questwebs eignen sich auch hervorragend für Vertretungsstunden (Tipp 88)! Legen Sie sich einige Antwortlisten für verschiedene Themen und Klassenstufen zu. Schreiben Sie die Begriffe an die Tafel – und schon können Sie die Lese- und Medienkompetenz schulen. Übrigens lässt sich die Aktivität auch als Wettkampf durchführen: Welche Gruppe hat zuerst alle Fragen zusammen?

❯ Tipp 88

DAS STUNDENTHEMA ANGEBEN

17

Zielklarheit muss sein! Sie wollen das Stundenthema angeben, ohne jede Stunde mit den Worten zu beginnen: *Hoy vamos a hablar de ...*? Das lässt sich elegant bewerkstelligen, indem Sie diese kleine Unterrichtsphase zu Beginn der Stunde bereits für Sprachproduktion der Schüler nutzen (Tipp 19). Hier verschiedene Möglichkeiten:

Transparenz herstellen

❯ Tipp 19

- „Galgenmännchen": Ziehen Sie so viele Striche an der Tafel, wie das Stundenthema Buchstaben hat. Dann lassen Sie die Schüler Buchstaben nennen und – ganz wichtig – jeweils ein Wort, das damit beginnt, also z. B. *h de hablar*. Auf diese Weise wiederholen Sie das spanische Alphabet und bereits gelerntes Vokabular. Am Ende sagen Sie nur *Aquí está el tema de hoy*.

Fünf Möglichkeiten, die Sprachproduktion zu erhöhen

- Akrostichon: Schreiben Sie die Buchstaben des Stundenthemas untereinander in die Mitte der Tafel (s. u. „Actividades"). *Aquí está el tema de hoy. Para empezar, nombrad palabras que empiecen o terminen con estas letras.* Dann schreiben Sie rechts und links vom Stundenthema die von den Schülern genannten Wörter an und umrahmen am Ende noch einmal das Stundenthema farbig. Leichter – und schneller – wird die Übung, wenn der Arbeitsauftrag nur lautet *Nombrad palabras que contengan estas letras*, schwieriger hingegen, wenn die Wörter auch noch mit dem Stundenthema zu tun haben müssen. Diese

CÓMO EMPEZAR – EINSTIEGE

letzte Variante ist z. B. bei der thematischen Arbeit in der Oberstufe denkbar.

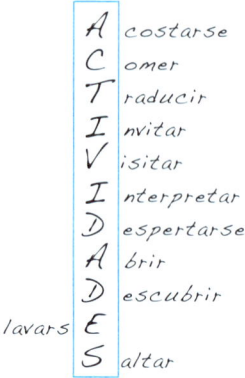

- **Kreuzworträtsel:** Ähnlich wie das Akrostichon funktioniert auch eine abgewandelte Form des Kreuzworträtsels. Überlegen Sie sich, welches Wort als Stundenthema senkrecht an die Tafel geschrieben werden soll und in welchen Vokabeln der letzten Stunde die Buchstaben für dieses Wort enthalten sind. Die Vokabeln, die die Buchstaben enthalten, paraphrasieren Sie. Die Schüler nennen das jeweils gesuchte Wort und Sie schreiben die Wörter an der Tafel so in imaginäre Kästchen untereinander, dass Sie am Schluss das Stundenthema umranden können.
- **Vokabelkärtchen:** Wenn die Schüler bereits Vokabeln aus dem Themenbereich des Stundenthemas kennen, schreiben Sie diese Vokabeln auf Kärtchen und verteilen Sie sie an mehrere Schüler. Deren Aufgabe ist es nun, diese Wörter zu umschreiben. Die anderen müssen erraten, um welches Wort es sich handelt, und Sie fragen am Schluss, was der Oberbegriff zu all diesen Vokabeln ist, und schreiben diesen als Stundenthema an.
- **Bilderrätsel:** Oft eignen sich auch Bilder, um das Stundenthema anzugeben. Kopieren Sie ein passendes Bild auf Folie und decken Sie es mit verschieden großen Klebezetteln ab. Dann entfernen Sie nach und nach die Zettel und lassen die Schüler beschreiben, was sie sehen, z. B. *A la*

derecha hay algo azul. Wenn es sprachlich möglich ist, stellen die Schüler Hypothesen an. Schließlich decken Sie das Bild auf und nennen das Thema.

Achtung!
Wenn Sie des Öfteren „Galgenmännchen" spielen, achten Sie darauf, dass die Schüler nicht immer dieselben Vokabeln als Beispiel für den Buchstaben nennen. Das können Sie durch Vorgaben steuern, z. B. Vokabeln einer bestimmten Lektion, eine bestimmte Wortart etc.

SOS-Tipp
Sie planen langfristig, haben aber nicht viel Zeit? Dann wissen Sie ja schon, wie Ihr nächstes Stundenthema heißt. Beauftragen Sie doch einige Schüler, die Vokabelkärtchen zu erstellen oder die Paraphrasierungen für die Vokabeln des Kreuzworträtsels zu formulieren und aufzuschreiben.

LERNZEIT NUTZEN

18

Wenn Sie bei Stundenbeginn noch Organisatorisches zu erledigen haben, kann die Zeit von den Schülern bereits als effektive Übungszeit genutzt werden. Lassen Sie sie zu zweit arbeiten und wählen Sie aus den folgenden Möglichkeiten:

- **Partnerfolie:** Bei Partnerfolien ist die Sitzordnung so, dass ein Schüler der Projektionsfläche zugewandt und sein Partner mit dem Rücken zu ihr sitzt. Um die Inhalte des Lehrbuchs in Erinnerung zu rufen, können z. B. verschiedene Bilder desselben auf eine Folie kopiert werden. Die Bilder werden mit Buchstaben/Nummern versehen. Nun beschreibt der zugewandte Partner mehrere Bilder und der abgewandte muss – sobald er sich umdreht und die Folie sieht – sagen, um welche Bilder es sich handelt. Dann wird gewechselt und eine Folie mit anderen Bildern aufgelegt. Mit Partnerfolien ist es auch möglich, Vokabular zu festigen, Konjugationsmuster zu üben oder Grammatik-

Vier Möglichkeiten, effektiv zu üben

aufgaben zu erledigen – ähnlich wie mit einem Tandembogen, nur dass hier das Kopieren entfällt. In diesem Fall sieht der zur Folie gewandte Schüler die Aufgabe, die er vorliest, sowie auch die Lösung, mit der er seinen Partner korrigieren kann.
- **Partnerkarten:** Für Wortschatz- und Grammatikübungen eignen sich auch Partnerkarten, bei denen die Aufgabe auf der Vorderseite und die Lösung auf der Rückseite steht.
- **Kommunikationskärtchen:** Sie enthalten Fragen wie z. B. *¿Qué hiciste ayer?* und regen zum Sprechen mit dem Partner an. Hier gibt es keine einheitliche Lösung. Auf der Rückseite der Karten stehen allenfalls Vokabelhilfen, Hinweise auf die zu verwendenden Zeiten oder im Sinne der Differenzierung eventuell auch Tipps zur Formenbildung.
- **Wimmelbilder:** Sie sind ein ergiebiges Material zum Beschreiben oder zum Wiederholen von Aktivitäten unter Verwendung verschiedener Zeiten.

Solche Partnerarbeiten geben Ihnen beispielsweise die Möglichkeit, in Ruhe die Anwesenheit zu kontrollieren, Entschuldigungen abzuzeichnen oder das Tagesprogramm an die Tafel zu schreiben.

Gleich mal ausprobieren

Legen Sie sich ein Repertoire an Kommunikations- und Partnerkarten, Partnerfolien und Wortschatzbildern an. Die Kärtchen laminieren Sie am besten, damit sich ihre Lebensdauer erhöht. So ein Fundus kann auch wunderbar für Vertretungsstunden genutzt werden (Tipp 88).

Fundus für Vertretungsstunden
▸ Tipp 88

19 DEN STUNDENEINSTIEG RITUALISIEREN

Wenn Sie das Organisatorische erledigt haben und sich aktiv der Lerngruppe zuwenden, bietet es sich an, für den Einstieg – als Unterrichtsroutine – gängige Gesprächssituationen zu wiederholen. Das Datum, der Wochentag, das Wetter, die

Uhrzeit, der heutige Stundenplan, die Hobbys oder das Befinden sind denkbare Themen. Nach einer Zeit des Einschleifens werden auch die Fragen von den Schülern formuliert. Im Fortgeschrittenenunterricht können Sie die Themen erweitern um den mündlichen Austausch über die gestrigen oder noch anstehenden Aktivitäten, die Ferien, die Sorgen/Nöte in der Schule, das Tagesgeschehen und vieles mehr. Natürlich kann das Ritual auch darin bestehen, dass die Schüler zu einem Thema ihrer Wahl sprechen (Tipp 63). Auf diese Weise gewinnen die Schüler Sicherheit in der Anwendung der Redemittel, auf die sie dann auch spontan zurückgreifen können. Dieses Vorgehen bereitet zudem auf künftige Begegnungssituationen mit *hispanohablantes* vor, in denen die Jugendlichen ebenfalls spontan interagieren müssen.

> Gängige Gesprächssituationen wiederholen

> Tipp 63

Um die Ecke gedacht

Wenn Sie bestimmte Themenfelder (z. B. Familie, Schule, Hobbys, Wohnort, Haus/Zimmer, Sport usw.) auf kleine, laminierte Kärtchen drucken und diese immer wieder am Anfang der Stunde austeilen, damit sich die Schüler mit unterschiedlichen Partnern darüber austauschen, dann haben Sie gleichzeitig eine effektive Vorbereitung der Sprechprüfung.

> Sprechprüfung vorbereiten

Gleich mal ausprobieren

Für etwas Abwechslung sorgt der Einsatz eines kleinen, weichen Balles, der demjenigen Mitschüler zugeworfen wird, der die zuvor gestellte Frage beantworten soll.

EINE DIDAKTISCHE ANALYSE VORNEHMEN

20

Wenn Sie die nächste Stunde planen, dann sichten Sie zunächst den „Stoff", also das, was „drinsteckt", egal ob es sich um einen Lektionstext, ein Grammatikphänomen oder einen Zeitungsartikel handelt. „Scannen" Sie ihn am besten mit folgenden Prüffragen: Was können die Schüler daran lernen? Was ist bekannt, d.h., woran kann ich anschließen?

> Zuerst den Unterrichtsgegenstand untersuchen

Was ist neu? Was ist davon schwer für die Schüler? Wo brauchen sie Hilfe? Diese Fragen helfen Ihnen, das Stundenziel festzulegen bzw. zu überprüfen, ob ein bestimmter Text geeignet ist, und den Einstieg zu finden, bevor Sie dann weitere Planungsentscheidungen fällen: Wird der Lektionstext als Ganzes behandelt oder unterteilt? Wird die Grammatik vorentlastet oder am Text erarbeitet? Brauchen die Schüler Annotationen zum authentischen Text? Die Beantwortung solcher Fragen hängt von der konkreten Lerngruppe ab, für die Sie planen. Es ist also durchaus möglich, dass Sie dieselbe Lektion, dasselbe Grammatikthema oder denselben Artikel in einer anderen Gruppe anders aufbereiten (müssen) (Tipp 7). Erst im letzten Schritt überlegen Sie dann, wie Sie die einzelnen Unterrichtsphasen methodisch gestalten. Unterrichtsplanung heißt immer, eine Passung herzustellen zwischen dem zu vermittelnden Stoff und den zu unterrichtenden Schülern.

Dann didaktische Entscheidungen fällen

▸ Tipp 7
Zuletzt die Methoden festlegen

Um die Ecke gedacht

Die didaktische Analyse zeigt auf, was alles in einem Unterrichtsstoff steckt. Sich darüber im Vorwege Gedanken zu machen, erleichtert bei der Arbeit mit authentischen Texten während der Stunde das Unterrichtsgespräch (Tipp 31). Sie haben dann eine Art Erwartungshorizont im Kopf und können entsprechende Impulse geben, um aus den Schülern herauszukitzeln, was noch fehlt.

▸ Tipp 31

Gleich mal ausprobieren

Wenn Sie für Ihren Unterricht einen schriftlichen Verlaufsplan erstellen, dann liegt die Versuchung nahe, diesen abzuheften bzw. zu speichern und im nächsten Durchgang wieder zu verwenden. Oftmals funktioniert diese zweite Stunde dann aber weniger gut. Das liegt meistens an der nicht genauen Passung zwischen Stoff und Schülern. Sie tappen nicht in diese „Falle", wenn Sie nur die Materialien speichern, die Sie gefunden oder entwickelt haben (Tipp 8), und mit diesen dann beim nächsten Durchgang eine passgenaue Planung für die neue Gruppe vornehmen.

▸ Tipp 8

Grammatik „dienend" unterrichten

21

Spanischstunden zu Grammatikthemen drohen leicht zu einem „Metaunterricht" über ein sprachliches Phänomen zu werden, bei dem die Inhalte und die Kommunikation verloren gehen. „Metaunterricht" ist für die Lernenden in der Fremdsprache trocken und schwierig. Anders, wenn Sie Grammatik und Wortschatz in „dienender Funktion" unterrichten. Dazu lohnt es sich, bei der Planung darüber nachzudenken, welche lebensweltliche Kompetenz der Schüler das Stundenziel ist, und dann den Ablauf der Stunde daran auszurichten. Das gibt den Phasen einen inhaltlichen roten Faden (Tipp 22). Ein Beispiel: Im Anfangsunterricht wird in jedem Lehrbuch der Gebrauch von *ser – estar – hay* thematisiert und eventuell mit weiteren grammatikalischen Themen (Präpositionen, Adjektivangleichung, zusammengezogene Artikel *al* und *del*, Possessivbegleiter, Fragewörter o. Ä.) verknüpft. Wenn Sie sich als Ziel einer der Stunden vornehmen „die Schüler festigen den Gebrauch von *ser – estar – hay*", legen Sie den Fokus auf die Grammatik als solche, losgelöst von einem Kontext, für den sie funktional ist. Ganz anders, wenn die Zielsetzung heißt: „Die Schüler können ein Zimmer und die darin befindlichen Gegenstände beschreiben." Weitere Übungsstunden wären dann denkbar zu Kompetenzen wie „Sie können ein Bild beschreiben", „Sie können ein Land beschreiben" etc. Noch deutlicher wird der Unterschied, wenn man an eine Stunde denkt, bei der es um die Einführung einer neuen Vergangenheitszeit geht. Eine Zielvorgabe, die da lautet „die Schüler lernen die Formen des *indefinido* kennen und wenden sie in Übungen an", zieht unweigerlich eine andere Stunde nach sich als eine Stunde zu der Kompetenz „Die Schüler können über vergangene Ferienerlebnisse berichten."

Lebensweltliche Kompetenzen als Stundenziel definieren

❯ Tipp 22

Gleich mal ausprobieren

Die Frage „wozu?" (Wozu brauchen die Schüler das?) liefert Ihnen meist die entscheidende Antwort, um von einer stoffzentrierten zu einer inhalts- und schülerorientierten Planung zu kommen.

22 Einen roten Faden spinnen

Transparenz herstellen

▶ Tipp 21

Wir alle haben ein Bild vor Augen, wenn wir sagen, einer Sache fehle der „rote Faden": Was wir dann gerade erleben, ist undurchschaubar bzw. ohne Zusammenhang. Auch Unterrichtsstunden brauchen einen roten Faden. Nur so können die Schüler das Gefühl entwickeln, dass sich die Unterrichtsschritte sinnvoll auf ein Ziel hinbewegen und die Abfolge von Übungen nicht nur Beschäftigungstherapie ist. Bei der Lehrbucharbeit lässt sich der rote Faden gut herstellen, wenn Sie als Lehrkraft eine lebensweltliche Kompetenz als Ziel definiert haben (Tipp 21). Bleiben wir bei dem Beispiel von Tipp 21: „Die Schüler können ein Zimmer und die darin befindlichen Gegenstände beschreiben." Aus dieser angestrebten Sprachhandlungssituation leitet sich der Zusammenhang der Stunde ab: Sukzessive wird das an sprachlichen Mitteln – Wortschatz und Grammatik – bereitgestellt (entweder neu eingeführt oder wiederholt), was zu einer zunächst gelenkten und dann freieren Zimmerbeschreibung benötigt wird:

- Einstieg mit Bildimpuls/Anknüpfen an Bekanntes, z. B. den bereits gelesenen Lektionstext: *Indicad lo que veis.* Antwortmöglichkeiten: *una casa, una puerta, una mesa, una sala (de estar), una familia,* aber auch ganze Sätze, je nach Vorkenntnissen
- Ankündigung des Themas: *Vamos a describir habitaciones.*
- Instruktion/Bewusstmachung und Erstellung eines Tafelbildes oder Wiederholung der Strukturen: *¿Qué hay aquí? ¿Cómo es? ¿Dónde está?*, dabei Visualisierung von möglichen Fehlerquellen wie *está **al** lado de, está **a la** derecha de* jeweils mit Beispielen und Hervorhebungen
- Beschreibung desselben oder eines ähnlichen Bildes mit vorgegebener Struktur und eventuell mit differenzierender Hilfe, schriftlich oder mündlich: *Describid esta habitación: ¿Qué hay? ¿Cómo es? ¿Dónde está?*
- verbindliche Besprechung und Korrektur, dabei Rückgriff auf die Visualisierung: *Presentad la habitación.*

- freiere Übung, z. B. Beschreibung des eigenen Zimmers, schriftlich oder mündlich: *Ahora, describid vuestra habitación (ideal).*
- Präsentation und Besprechung: *Presentad vuestra habitación (ideal).*

Gleich mal ausprobieren

Entscheidend für den roten Faden sind oft die Überleitungen. Bleiben Sie immer auf der Inhaltsebene, vermeiden Sie Ansagen, die sich auf Ihre Unterrichtsplanung beziehen. Sagen Sie also: *¿Qué cosas hay en la habitación?* statt *Os voy a explicar el vocabulario.* Oder, wenn „Mario" die Lehrwerksfigur ist, mit der die Zimmerbeschreibung eingeführt wurde, und die Schüler jetzt eine Übung im *cuaderno de actividades* machen sollen, in der es um das Zimmer einer „María" geht: *Bueno, esta es la habitación de Mario. Y ahora hablamos de la habitación de María* statt *Vamos a hacer un ejercicio.* Der Wechsel auf die Metaebene ist wie die Schere beim Nähen: Er zerschneidet den roten Faden.

> Auf der Inhaltsebene bleiben

SOS-Tipp

Sie haben bei Ihrer Lektionsarbeit Teilbereiche übrig, zu denen Sie keine ganze Stunde mit einem roten Faden zu einer lebensweltlichen Kompetenz gestalten können? Überlegen Sie, ob es sich nicht anbietet, den Schwerpunkt in solchen Stunden auf die Methodenkompetenz zu legen: Wenn zwei kleine Grammatikphänomene übrig sind, können Sie daraus vielleicht eine Stunde gestalten, in der die Schüler sich die Themen und dazugehörigen Übungen gruppenteilig erarbeiten und dann gegenseitig erklären und sich bei den Übungen helfen (Methode „Lernen durch Lehren"). Wenn alles noch einmal geübt werden muss, dann können die Schüler vielleicht gruppenteilig selbst Übungen und Lösungsblätter erstellen (Tipp 47), die anschließend von den Mitschülern bearbeitet werden (Methode „Lernen an Stationen").

> ❱ Tipp 47

23 OPERATOREN BENUTZEN

Kennen Sie das: Sie stellen eine Frage, ein Schüler antwortet mit einem Wort und verstummt dann wieder? Dann versuchen Sie es beim nächsten Mal mit einem Operator statt mit einem Fragewort. Sagen Sie also nicht *¿Qué veis en la foto?* (mögliche Antwort: *un accidente*), sondern *Describid la foto*. Auf diese Aufforderung kann man nicht – situativ korrekt – mit einem Wort antworten, man muss mindestens sagen: *En la foto hay un accidente*, um dann weitere Beschreibungen anzuschließen. So lassen sich Bilder sehr viel besser ausnutzen (Tipp 24) und das Unterrichtsgespräch lässt sich in fortgeschrittenen Gruppen elegant moderieren (Tipp 31), ohne eine ganze Batterie an Impulsen abzufeuern. Nachfragen können Sie ja immer noch!

› Tipp 24
› Tipp 31

Die drei Anforderungsbereiche der Operatoren

Die Operatoren sind drei verschiedenen Anforderungsbereichen zugeordnet: *Indicad* oder *describid* z. B. verlangen Verstehen und reproduktive Tätigkeiten (I), *explicad* oder *caracterizad* setzen analytische und reorganisierende Fähigkeiten voraus (II), während *comentad* oder *justificad* selbstständige gedankliche und sprachliche Aktionen erfordern (III). Diese Anforderungsbereiche sind auch im Abitur relevant.

Vorbereitung auf das Abitur

Um die Ecke gedacht

Das Bewusstsein für die verschiedenen Anforderungsbereiche kann auch eine Hilfe bei der Unterrichtsplanung sein. Das betrifft einerseits die chronologische Abfolge einer Stunde oder Sequenz, die sich von Anforderungsbereich I zu Anforderungsbereich III entwickeln sollte. Das betrifft andererseits aber auch die unterschiedliche Komplexität von Operatoren auf demselben Anforderungsniveau, die es ermöglicht, in heterogenen Gruppen alle Schüler zu berücksichtigen (Tipp 57): Wenn Sie mit einem Bild in den Unterricht einsteigen und zuerst sagen *Indicad lo que veis*, dann können hier die sprachlich schwächeren Schüler kurze Antworten geben. Wenn Sie fortfahren mit *Ahora describid la imagen*, können stärkere Schüler diese

Differenzierung
› Tipp 57

> Antworten zu einer komplexeren Beschreibung zusammenführen. Ihre „Überflieger" fordern Sie schließlich mit einem zusätzlichen Impuls wie *Indicad lo que los personajes piensan/dicen/pueden decir en esta situación.*

Gleich mal ausprobieren
In den Abiturvorgaben der Länder finden sich meist auch Listen der zu verwendenden Operatoren. Lassen Sie sich inspirieren!

MATERIALIEN GUT AUSNUTZEN

24

Effektiv und ökonomisch arbeiten

Sie haben für Ihre nächste Unterrichtsstunde oder das nächste Thema tolles Material gefunden? Ein Bild? Eine Schlagzeile? Sicher haben Sie viel Zeit auf die Suche nach dem geeigneten Material verwendet; das muss sich lohnen. Achten Sie daher darauf, das Material auch wirklich auszunutzen. Überlegen Sie, wie Sie damit besonders viele sprachliche Äußerungen provozieren können. Wenn Sie beispielsweise mit einem Bild einsteigen (Tipp 17), können Sie es zunächst als stummen Impuls wirken oder die Schüler in Partnerarbeit Ideen sammeln lassen, bevor Sie die Reaktionen einfordern. Anschließend lenken Sie die Erschließung, indem Sie zunächst Operatoren und dann Fragen verwenden (Tipp 23). Leiten Sie die Schüler an, das Bild systematisch auszuwerten: Zunächst soll es vollständig beschrieben werden, bevor die Botschaft oder die Machart analysiert wird. Erst danach erfolgt der Kommentar. Diese Abfolge der Erarbeitung bereitet die Schüler auf den Umgang mit den verschiedenen Anforderungsbereichen – auch im Abitur – vor. Erstellen Sie sich einen Erwartungshorizont, um wirklich alles einfordern zu können, was zu sagen ist. Besonders günstig ist es, wenn Sie auf das Einstiegsmaterial im Verlauf oder am Ende der Stunde noch einmal zurückkommen können. Dazu eignen sich Materialien, mit denen sich Hypothesen bilden lassen. Durch den Rückgriff wird auch der Lernzuwachs der Stunde deutlich.

Sprechanlässe schaffen

▸ Tipp 17

▸ Tipp 23

Anforderungsbereiche beachten

Achtung!
Wenn Sie bei einem thematischen Bildeinstieg merken, dass die Schüler schon die Interpretation liefern, die Sie erst am Ende der Stunde erwartet haben, dann haben Sie den Kenntnisstand der Schüler falsch eingeschätzt. Versuchen Sie in diesem Fall nicht, die Stunde wie geplant zu halten. Sie würden Ihre Schüler langweilen. Gehen Sie lieber offensiv mit der Situation um: *Parece que sabéis más del tema de lo que yo pensaba.* Tragen Sie dann das (vermeintliche) Vorwissen der Schüler zusammen und benutzen Sie das für den weiteren Verlauf der Stunde geplante Material unter der Perspektive: *A ver si este material confirma lo que habéis dicho. Controlad y buscad informaciones que se puedan añadir.*

Gleich mal ausprobieren
Auch Kärtchen mit thematischen Begriffen oder Vokabeln, die Sie für den Einstieg erstellt haben, lassen sich am Ende noch einmal einsetzen: Wurden sie am Anfang z. B. zum Paraphrasieren genutzt, können sie am Ende hierarchisiert und um neu hinzugekommene Begriffe ergänzt, in neue Zusammenhänge eingeordnet oder als „erledigt" aussortiert werden.

DAS SMARTPHONE SINNVOLL EINSETZEN

25

Heutzutage hat fast jeder Schüler ein Smartphone. Handys sind für die Schüler normale Werkzeuge des Alltags, auf die sie nicht verzichten können und wollen.
In der Schule ist der Gebrauch von Smartphones aus gutem Grunde meist verpönt. Dennoch kann es Ausnahmen geben: Wenn Sie als Lehrer die Verwendung des Smartphones im Unterricht gestatten, haben die Schüler damit – sofern sie einen Vertrag für mobiles Internet haben bzw. im Klassenraum W-LAN zur Verfügung steht – Zugang zu Apps und zum Internet. Nutzen Sie dieses Potenzial für Ihre Zwecke!

Wenn Sie auf das Schleppen von Wörterbüchern verzichten wollen, ist das Smartphone ein Glücksfall: Mit den Seiten von dix.osola, leo, Pons oder Langenscheidt stehen Ihnen gute Online-Wörterbücher zur Verfügung. Besonders hingewiesen sei noch auf den Dienst Linguee, der viel von Übersetzern genutzt wird, da die Übersetzung einzelner Wörter hier immer innerhalb von Kontexten geschieht und so klassische Fehlgriffe wie *El deporte me hace diversión* vermieden werden können. Sehr hilfreich ist auch die Seite WordReference.com, die Beispielsätze für die Verwendung von Wörtern und Wendungen und ein sehr gutes Forum zum Klären von Zweifelsfällen bereithält – allerdings in der Regel auf Englisch.

Das Smartphone als digitales Wörterbuch

Gute Wörterbuch-Apps der renommierten Verlage ersetzen mittlerweile das digitale Wörterbuch und haben den Vorteil, dass sie auch offline eingesetzt werden können, wenn also im Klassenraum kein Netzempfang besteht oder aber die Schüler kein mobiles Internet haben. Allerdings sind sie im Gegensatz zu den genannten Webseiten meist nicht kostenlos. Eine empfehlenswerte kostenlose App ist beispielsweise der Vokabeltrainer Semper: Die Schüler können Vokabelpakete aus den gängigen Lehrwerken oder z. B. einen Basiswortschatz auswählen. Die Wörter werden dann zum Entsperren des Bildschirms bei jedem Anschalten im Multiple-Choice-Verfahren angezeigt, sodass die Schüler ganz nebenher neue Vokabeln lernen.

Wörterbuch-Apps

Sperrbildschirm zum Vokabellernen

Vergessen Sie jedoch bei aller Benutzerfreundlichkeit nicht, den Umgang mit den im Abitur erlaubten Wörterbüchern gezielt zu schulen (Tipp 44)!

❯ Tipp 44

Der Griff zum Internet in der Hosentasche kann den Unterricht zudem um wertvolle authentische Inhalte bereichern: *¿Qué tiempo hace en Barcelona hoy? ¿Qué lugares hay que visitar en Madrid? ¿Qué tendencias de moda hay para este otoño?* Das sind nur drei Beispiele für Rechercheaufträge, die dazu beitragen, dass die Schüler sich schon ab dem ersten Lernjahr mit authentischen Inhalten auseinandersetzen (Tipp 10). In einem weiteren Schritt werden diese dann für die mündliche oder schriftliche Sprachproduktion genutzt, indem die Schüler z. B. einen aktuellen Wetterbericht ansa-

Authentische Inhalte

❯ Tipp 10

gen, eine Woche in Madrid planen oder über Mode diskutieren.

Kreativität durch Film- und Fotofunktion

Natürlich ist auch die Film- und Fotofunktion des Smartphones an dieser Stelle kreativ nutzbar. So könnte der Wetterbericht in Kleingruppen inszeniert und aufgenommen und dann an einer interaktiven Tafel oder über Beamer gezeigt werden. Soll es um Mode gehen, wäre es denkbar, ein Modefotoshooting zu arrangieren und passende Bildbeschreibungen dazu zu formulieren. Auch die Umwandlung eines Lehrbuchtextes in eine Fotostory ist dank Smartphones kein großer Aufwand mehr und ein guter Anlass, kreativ mit Sprache umzugehen.

> **Achtung!**
>
> Jede Schule geht anders mit der Nutzung von Smartphones um. Halten Sie sich an bestehende Beschlüsse, sprechen Sie Ihr Vorgehen ggf. mit der Schulleitung ab und machen Sie den Schülern deutlich, dass der Einsatz des Smartphones im Unterricht nur auf ausgewählte Funktionen beschränkt ist. Darüber hinaus sollten Sie beachten, dass das Fotografieren und Filmen von Schülern strengen Auflagen unterliegt. Informieren Sie sich vorher, welche Regelung es in Ihrem Bundesland / an Ihrer Schule gibt, und holen Sie die Erlaubnis der Eltern ein.

VARIANTENREICH SEMANTISIEREN

26

Einsprachig semantisieren

Semantisieren – also das Erklären von unbekanntem Vokabular – ist etwas, das Fremdsprachenlehrer sehr häufig tun. Semantisierung geschieht im Normalfall einsprachig. Das ist nicht immer einfach, aber es gibt dafür ein ganzes Repertoire an Verfahren:

- an einem realen Gegenstand, einem (selbstgemalten) Bild oder einem Modell zeigen: *Esta es **una manzana**.*
- vorspielen: *La profesora **camina** de la puerta a la ventana.*
- definieren: ***La cuchara** es lo que utilizas para comer sopa.*

- paraphrasieren: *Las personas están esperando una detrás de otra. Están* **haciendo cola**.
- Analogien benutzen: *La* **Constitución** *es en España lo que el Grundgesetz es en Alemania.*
- Beispiele geben: *Berlín es* **la capital** *de Alemania.*
- Gleichungen aufstellen: *Siete días forman* **una semana**.
- Synonyme benutzen: **Platicar** *significa charlar, pero se utiliza en Suramérica.*
- Antonyme benutzen: *No todas las personas dicen la verdad. Estas personas* **mienten**.
- Hyponyme nutzen: *Manzanas y naranjas son* **frutas**; *patatas y tomates son* **verduras**.
- Ableitungen aufzeigen: **Azafrán** *es una palabra que proviene del árabe. La "a-" es el artículo árabe. Si lo quitamos, veis lo que significa.*
- kontextualisieren: *En las casas muy altas es difícil subir hasta el piso 20, por ejemplo, a pie. Entonces tomas* **el ascensor**.

Das wichtigste Kriterium für die Semantisierung ist Eindeutigkeit. Wenn es partout keine Möglichkeit gibt, ein Wort einsprachig eindeutig zu erklären, darf auch die deutsche Entsprechung genannt werden. Manchmal muss man sich auch auf Deutsch rückversichern, dass die Erklärung verstanden wurde. Beides sollte aber die absolute Ausnahme sein, da die Schüler sonst Ihren spanischen Erklärungen gar nicht mehr lauschen, sondern nur noch auf die Übersetzung warten.

Auf Eindeutigkeit achten

Um die Ecke gedacht

Es bietet sich mitunter an, dass die Schüler sich gruppenteilig Vokabular erklären. Dazu müssen ihnen aber vorher die Verfahren vorgestellt werden!

Achtung!

Das Vermeiden der folgenden Fehler ist der erste Schritt zu einer guten Semantisierung!
1. Die Lehrkraft gibt für leicht zu verstehende Wörter zwei oder noch mehr Erklärungen. → Wertvolle Unterrichtszeit wird verschenkt. 2. Die Lehrkraft nennt das neue Wort

> Tipp 21

lediglich und fragt, insbesondere bei schwierig zu erklärenden Wörtern: ¿Qué puede ser? → Völlige Überforderung: Woher sollen die Schüler das wissen? 3. Die Lehrkraft schreibt zuerst das Wort an und semantisiert dann. → Die Aufmerksamkeit der Schüler bleibt auf die Tafel gerichtet. → Die Aussprache durch die Lehrkraft wird nicht wahrgenommen. 4. Die Lehrkraft klärt Schlüsselbegriffe eines Textes erst nach der Texteinführung. → Das Verstehen wird verhindert. 5. Es wird mehr Zeit auf das Semantisieren verwendet als auf den eigentlichen Text. → Die Stunde ist langweilig, weil die sprachlichen Mittel nicht „dienen" (Tipp 21). 6. Die Lehrkraft semantisiert die Einzelwörter, aber nicht die Kollokationen, in denen sie verwendet werden. → Es werden Lernmöglichkeiten verschenkt oder das Lernen sogar erschwert.

Gleich mal ausprobieren

Die schlechte Nachricht: Kaum jemandem gelingt eine gute Semantisierung von ca. 15 Vokabeln einfach so spontan. Die gute Nachricht: Dies ist eine Kunst, die man erlernen kann. Überlegen Sie sich die Semantisierungen im Vorwege und auch die Reihenfolge der Präsentation. Gruppieren Sie dafür die Vokabeln nach semantischen Feldern oder bringen Sie sie in einen erzählerischen Zusammenhang. Skizzieren Sie auch vorab den geplanten Tafelanschrieb und achten Sie dabei auf die Systematik (Tipp 29).

> Tipp 29

WORTSCHATZ SYSTEMATISCH ERWEITERN

27

Gerade hinsichtlich der Wortschatzerweiterung stellt der Übergang in die Oberstufe nicht nur für die Schüler eine besondere Herausforderung dar: Während bislang durch die Lehrbücher der zu lernende Wortschatz vorgegeben war, ist dieser feste Rahmen plötzlich nicht mehr vorhanden. Der Erweiterung des Wortschatzes kommt aber weiterhin eine zentrale Rolle im Fremdsprachenunterricht zu, sodass sich die Frage stellt, wie er auch ohne feste Vorgabe systematisch erweitert werden kann.

Es bietet sich an, im Rahmen der thematischen Arbeit jeweils *campos semánticos* zu den einzelnen Themenbereichen anzulegen, die im Laufe der Einheit sukzessive ergänzt werden. Der Prozess der Vernetzung entspricht – anders übrigens als die Wortlisten der Lehrbücher – dem Organisationsprozess des mentalen Lexikons (Tipp 42). In vielen Oberstufenbüchern oder Zusatzmaterialien der Verlage finden sich zudem Übersichten zu zentralen Themenbereichen (z. B. Wortfeld *inmigración, niños de la calle*), die eine gute Grundlage bilden können. Ebenfalls sinnvoll können Textvorlagen sein, in denen neues themenspezifisches Vokabular kontextgebunden präsentiert wird.

> Thematische Vokabelfelder anlegen

> Tipp 42

Darüber hinaus muss aber auch Vokabular berücksichtigt und systematisch aufgebaut werden, welches die Schüler für das Verfassen oder Besprechen bestimmter Textsorten benötigen. Auch hier ist es sinnvoll, den Schülern frühzeitig Redemittel an die Hand zu geben (z. B. Übersichtskopien mit relevantem Vokabular für die verschiedenen Textformen), mit denen sie im Laufe der Oberstufenzeit immer wieder arbeiten und die sie dadurch nach und nach verinnerlichen. Gleiches gilt selbstverständlich auch für den mündlichen Bereich (z. B. Redemittel für eine Diskussion). Prinzipiell hat sich dabei eine Vorgehensweise im Sinne eines Spiralcurriculums bewährt: Während sich die Redemittel zunächst auf grundlegende(re) Ausdrücke beschränken, werden diese im Laufe der Oberstufenzeit weiter ausgebaut, sodass die Lerner schließlich zu einer immer differenzierteren Ausdrucksweise gelangen. Denkbar ist, die Übersichtslisten so anzulegen, dass vertiefendes/ergänzendes Vokabular kursiv gesetzt wird. Dies bietet zudem je nach Leistungsstand der Schüler von Anfang an Differenzierungsmöglichkeiten.

> Redemittel für bestimmte Textsorten

Achtung!

Vorgegebene Vokabel- oder Redemittellisten sind hilfreich. Lernwirksamer jedoch ist es, die Schüler die Listen selbst zusammenstellen zu lassen: Sie sammeln zu Beginn das schon bekannte Vokabular und ergänzen dies im Laufe der Zeit. Die fertigen Listen können trotzdem Verwendung finden: Sie dienen Ihnen und den Schülern zur Kontrolle der Vollständigkeit.

Um die Ecke gedacht

Im Laufe der Oberstufenzeit erhalten die Schüler in der Regel eine wahre Zettelflut. Es kann daher hilfreich sein, für Redemittellisten farbiges Papier vorzusehen, damit diese schneller zur Hand sind.

GRAMMATIK VISUALISIEREN

28

Eine Grammatikregel steht auf dem Programm und Sie ahnen es schon bei der Vorbereitung: Damit werden sich einige Ihrer Schüler schwertun. Egal ob es um die Unterscheidung von *indefinido* und *imperfecto*, *ser* und *estar* oder die Anwendungsregeln des *subjuntivo* geht: Machen Sie es sich und Ihren Schülern leichter und nutzen Sie die verschiedenen Funktionsweisen des Arbeitsgedächtnisses. Setzen Sie dabei statt auf Regeln auf Visualisierung! Denn neben der sprachlichen Logik, aus der sich im besten Fall eine Regel ergibt, kann das Gehirn mithilfe von verschiedenen Mentalfaktoren (Tipp 51) Neues besser begreifen und nachhaltiger speichern. Zu diesen Faktoren gehört die Visualisierung, also die Verknüpfung von Inhalten mit Bildern, Zeichen oder Farben.

Mentalfaktoren nutzen
▶ Tipp 51

Farben und Zeichen verwenden

- Die simpelste Umsetzung dieses Prinzips ist die Arbeit mit farbiger Kreide und visuellen Zeichen innerhalb eines Tafelbildes. So kann eine Wellenlinie eine Hintergrundhandlung im *imperfecto* visualisieren, während ein Pfeil für die neu einsetzende Handlung im *indefinido* steht.

María hablaba con Marta, cuando de repente entró Ana.

- Lauert irgendwo eine Falle in Form eines Sonderfalls, wird er mit einem Warnschild (Dreieck mit Ausrufezeichen) kenntlich gemacht.
- Schlüsselwörter, die auf *ser* oder *estar* hinweisen, können zusammen mit dem ihnen zugeordneten Verb in Beispielsätzen immer in derselben Farbe geschrieben werden (also beispielsweise Namen, Berufsbezeichnungen, Herkunftsland sowie *ser* in Blau, Orts- und Zustandsbezeichnungen sowie *estar* in Gelb). Wenn Sie dieses Farbsystem konsequent verwenden, können Sie es auch in der Fehlerkorrektur nutzen, indem sie bei einem Fehler mit *ser/estar* einfach den Hinweis *amarillo* oder *azul* geben (Tipp 33).
- Auch innere Bilder sind beim Festigen von Grammatik hilfreich. Der *subjuntivo* im untergeordneten Nebensatz wird beispielsweise von subjektiv-emotional belegten Verben und Adjektivkonstruktionen ausgelöst *(gustar, alegrar, permitir, es bueno, es curioso ...)*. Kennzeichnen Sie diese Begriffe mit einer subjektiven Brille oder nennen Sie sie *expresiones de corazón*. Die Schüler können diese Wörter auf einer Seite sammeln und diese mit Herzen verzieren. Auch beim Notieren in einer Vokabelliste kann das Herz eine sinnvolle Ergänzung sein. Die Redemittel, die den *indicativo* auslösen *(pensar, creer, comprender, es verdad, es cierto ...)*, wären dann die *expresiones de cabeza*, um im Bild zu bleiben.

❯ Tipp 33
Innere Bilder erschaffen

> **Um die Ecke gedacht**
>
> Nicht nur Visualisierungen helfen beim Erfassen von Grammatikregeln, auch Bewegung ist hervorragend geeignet. Lassen Sie Ihre Schüler Gesten erfinden *(soy Emma/estoy en el aula)* oder kleine Szenen spielen *(Lana estaba en casa y leía el periódico. De repente Luis entró y le contó una historia increíble.)*. Das macht Spaß und schafft ein Gefühl für die Regeln der Sprache.

Mit der Tafel arbeiten

29

Tafelanschrieb in festgelegten Rubriken

Noch gibt es sie in fast jedem Klassenraum – und sie sollte sinnvoll genutzt werden: die Tafel. Gliedern Sie den Tafelanschrieb in festgelegte Rubriken, z. B. links das Stundenprogramm, in der Mitte das Stundenthema als Überschrift und darunter übersichtlich das in dieser Stunde Erarbeitete, rechts das für alle verbindliche Vokabular. Nutzen Sie auch die Möglichkeit, die Tafel zuzuklappen, um vorbereitete Lösungen, Fragen/Antworten bis zum nötigen Zeitpunkt zu verbergen. Generell sollte das Tafelbild nicht zu voll sein, gut strukturiert werden (z. B. Vokabeln gliedern) und eine tatsächliche Lernhilfe darstellen, die visuell unterstützt. Für den Abschrieb muss ein realistischer Zeitrahmen zur Verfügung stehen.

Realistischer Zeitrahmen für das Abschreiben

Folie statt aufwendigem Tafelanschrieb

Ergebnissicherung durch Schüler

> **Achtung!**
>
> Zeitfaktor: Wird es zu komplex, ist eine Folie dem Tafelanschrieb vorzuziehen, weil Sie der Klasse sonst für einen längeren Zeitraum den Rücken zuwenden und zudem Zeit verlieren, die Sie für andere Phasen brauchen. Das Gleiche gilt für Inhalte, die von Schülern erarbeitet werden. Nutzen Sie die Möglichkeit der Ergebnissicherung und lassen Sie ausgewählte Schüler oder Gruppen auf Folie schreiben und präsentieren. Die Stunde wird aktiver, und Sie haben vorab die Gelegenheit, grobe Fehler zu verbessern.

Gleich mal ausprobieren

Da sich immer mal Fehler einschleichen, die erst sichtbar werden, wenn Sie Ihr Werk mit räumlichem Abstand betrachten, treten Sie nach Fertigstellung des Tafelbildes zurück und lesen Sie alles noch einmal in Ruhe durch.

Eine Sicherung einplanen

30

Unterricht ist ein flüchtiges Geschäft! Die 45, 60 oder 90 Minuten sind vorbei, die Schüler verlassen den Klassenraum – und vergessen oft schlagartig alles, was zuvor besprochen wurde. In der Regel brauchen sie die Informationen aber später, z. B. um die Hausaufgaben zu machen oder um die Klassenarbeit oder sogar das Abitur vorzubereiten. Folglich ist es wichtig, für die Unterrichtsergebnisse stets eine Sicherung einzuplanen. Das gilt sowohl für die Überprüfung einer Übungsaufgabe als auch für den Inhalt eines Unterrichtsgesprächs. Eine gute Ergebnissicherung ist eindeutig (zeigt also ganz klar falsch und richtig), ist übersichtlich (zeigt also auf den ersten Blick das Wesentliche) und ist verbindlich (ist also vorausgesetzter Lernstoff für alle). Dazu erfolgt sie in aller Regel schriftlich.

Kriterien für eine gute Ergebnissicherung

Bei der Lösung von sprachlichen Übungen aus dem Buch oder Übungsheft ist es ratsam, die Ergebnisse nicht nur mündlich zu nennen; etliche Schüler würden dann ihre Fehler nicht korrigieren, weil sie sie gar nicht bemerken, d. h. sehen. Denken Sie also daran, mehrere Kanäle anzusprechen. Die Visualisierung geht am schnellsten, wenn Sie selbst die richtigen Formen an die Tafel schreiben oder eine Folie vorbereitet haben, die Sie während der Besprechung der Übung sukzessive aufdecken können. Bei den modernen Lehrwerken sind die Lösungen digital verfügbar, sodass Sie sie – eine entsprechende Ausstattung vorausgesetzt – direkt projizieren können.

Mehrkanaliges Lernen durch Visualisierung

Bei der thematischen Arbeit sollten Sie einen strukturierten Tafelanschrieb vorsehen (Tipp 29). Überlegen Sie sich, was

❯ Tipp 29

Ordnung und Systematik als Lernhilfe

Propädeutisches Arbeiten durch Protokolle

unbedingt aus der Stunde „mitgenommen" werden muss und wie Sie das aufschreiben wollen: Als Stichworte? Nominal oder verbal formuliert? In ganzen Sätzen? Ordnung und Systematik stellen eine Lernhilfe auch für ältere Schüler dar! Alternativ zum Tafelanschrieb können Sie bei thematischen Stunden auch die Schüler reihum mit dem Anfertigen eines Stundenprotokolls beauftragen und damit propädeutisch arbeiten. Überlegen Sie auch hier, welche Rubriken nötig sind (z. B. Thema der Stunde, Datum, Protokollant, Chronologie des Gedankengangs, Ergebnisse / neues Wissen / aufgeworfene Fragen, neue Vokabeln).

Achtung!
Sollten Sie am Smartboard gearbeitet haben, können Sie den Schülern den Anschrieb auch ausdrucken. Das kann in Ausnahmefällen sinnvoll sein, genauso wie das Abfotografieren des Tafelanschriebs durch die Schüler. Beides sollte jedoch auf keinen Fall die Regel sein, denn erstens müssten Sie dann dafür Sorge tragen, dass die Fotos auch in das Heft / den Ordner gelangen, und zweitens ist der Wert des Selbstschreibens nicht zu unterschätzen!

Gleich mal ausprobieren
Fotografieren Sie sich Ihre Sicherungen in den nächsten Stunden einmal mit Ihrem Smartphone ab. Wo sehen Sie noch Optimierungsbedarf?

31 Ein Unterrichtsgespräch führen

Es ist die hohe Kunst des Unterrichtens: ein gutes Unterrichtsgespräch zu anspruchsvollen Themen führen! Zwar stimmt auch in diesem Fall die Binsenwahrheit, dass Übung den Meister macht, aber ein paar Tricks können bei der Perfektionierung dieser Herausforderung helfen. Voraussetzung für das Gelingen ist zunächst einmal, dass Sie als Lehrkraft die Thematik souverän beherrschen und ein klares Ziel des

Gesprächs vor Augen haben. Nur dann wird es Ihnen gelingen, Ihr „Ohr" wirklich bei dem zu haben, was die Schüler sagen, und dies so zu bündeln und zu vertiefen, dass das Gespräch nicht banal wird oder orientierungslos verebbt. Achten Sie darauf, nach Ihrem einleitenden Impuls (Tipp 23) nicht mit einzelnen Schülern „Pingpong" zu spielen. Denn dann schaltet der Rest der Gruppe ab. Antworten Sie also im Normalfall nicht direkt, sondern leiten Sie die Äußerung weiter: *Lena, resume lo que Marcus acaba de decir.* Manchmal bietet es sich auch an, nachzufragen: *No estoy seguro de haber comprendido bien. Jette, ¿podrías explicar lo que Marcus acaba de decir?* Diese Form der Impulse verschafft Ihnen auch etwas Zeit und damit die Möglichkeit, zu überlegen, ob das Gesagte schon das Wesentliche trifft. Wenn das nicht der Fall ist, spielen Sie den Ball wieder in die Gruppe und zählen Sie nicht gleich selbst auf, was fehlt oder wie Sie das Gesagte finden. Sagen Sie z. B.: *Gracias Brit, mencionas algunos puntos importantes, pero pienso que hay más. ¿Quién puede añadir lo que falta?* Oder: *Jonas, ¿piensas lo mismo? Comenta la opinión de Brit.*

❯ Tipp 23
Pingpong vermeiden

Kontroverse Themen bringen Sie auf den Punkt, wenn Sie widersprüchliche Statements mitbringen oder im Unterrichtsgespräch sammeln, diese kommentarlos anschreiben und die Gruppe dann auffordern, dazu Stellung zu nehmen. Dies kann sogar ganz konkret als Positionierung in unterschiedlichen Ecken des Klassenzimmers passieren, die dann wiederum begründet werden muss. Auch eine abschließende Gewichtung der Argumente auf einer Skala von „sehr wichtig" bis „unwichtig" oder eine Abstimmung (und anschließende Versprachlichung des Ergebnisses) kann eine angeregte Diskussion zur Folge haben.

Achtung!

Bei einem Unterrichtsgespräch im Plenum können nicht alle gleichzeitig sprechen. Ihr Anspruch muss aber sein, dass alle gleichzeitig denken!

Gleich mal ausprobieren

> Tipp 78

> Tipp 24

Starten Sie Ihr nächstes Unterrichtsgespräch mit einer Punktabfrage (Tipp 78). Dazu spitzen Sie das (kontroverse) Thema auf eine Entscheidungsfrage zu. Schreiben Sie *sí* und *no* an die x- und die y-Achse eines Koordinatenkreuzes und lassen Sie die Schüler ihre Meinung visualisieren, indem sie einen Klebepunkt anbringen. Schauen Sie derweil weg. Wenn Sie sich wieder umdrehen, sagen Sie nichts, sondern fordern Sie die Schüler auf, das Ergebnis zunächst zu beschreiben *(Tipp 24)*. Die Diskussion entwickelt sich im Folgenden von allein; Sie brauchen nur mitunter *¿por qué?* oder *explica* oder *comenta* einzuwerfen und am Ende die Schüler aufzufordern, die Argumente zusammenzufassen.

EFFEKTIVE GRUPPENARBEIT ANLEITEN

32

Positive Abhängigkeit und individuelle Verbindlichkeit

Arbeitsteilung

Beschleicht Sie auch manchmal ein ungutes Gefühl, wenn Schüler Gruppenarbeit machen? Weil nicht so viel herauskommt, wie eigentlich gedacht? Oder weil die Schüler nicht richtig zusammenarbeiten und nicht alle gleichermaßen beteiligt sind? Das Gelingen solcher Arbeitsformen hängt maßgeblich davon ab, ob „Gelingensbedingungen" wie positive Abhängigkeit der Schüler untereinander und individuelle Verbindlichkeit der Arbeitsaufträge tatsächlich gegeben sind und die Lehrkraft sie nicht unbeabsichtigt unterläuft. Damit Sie sich nicht um die Früchte Ihrer Arbeit bringen, achten Sie auf Folgendes:

- Legen Sie die Aufgabe so an, dass jeder einen Beitrag liefern muss! Stellen Sie also arbeitsteilige Aufträge. Die Beiträge müssen nicht alle gleich schwer oder lang sein, aber so wichtig, dass das Gesamtergebnis der Gruppe schlechter wäre, wenn nicht jeder seinen Teil bearbeitet.
- Teilen Sie bei solchen arbeitsteiligen Aufträgen nicht das gesamte Material an alle Gruppenmitglieder aus. Denn ansonsten bestünde keine Notwendigkeit zum Austausch.

- Beantworten Sie keine Einzelfragen während der Erarbeitung; seien Sie nicht das „wandelnde Lexikon" für einzelne Schüler. Fragen Sie immer: *¿Es esta una pregunta del grupo?*
- Sorgen Sie dafür, dass alle Gruppenmitglieder das gesamte Ergebnis festhalten. Sagen Sie deshalb nicht vorher an, wer präsentieren soll, und lassen Sie das auch nicht die Gruppe entscheiden, sondern bestimmen Sie das zu Beginn der Präsentation nach leistungsunabhängigen Kriterien: *el próximo/último en cumplir años, el único que lleva vaqueros, el único con el pelo corto/largo/rubio.*

Achtung!

Überlegen Sie, wie Sie die Gruppen zusammensetzen! Nicht in jedem Fall ist die Annahme zutreffend, dass in leistungsheterogenen Gruppen die Schwächeren von den Stärkeren profitieren. Faustregel: Einbringen von Erfahrungen sowie Anwendung und Transfer von Kenntnissen → leistungsheterogene Gruppen; Training oder Üben von sprachlichen Teilkompetenzen → leistungshomogene Gruppen, da ansonsten die Stärkeren die Arbeit erledigen.

Funktionale Gruppenzusammensetzung

Um die Ecke gedacht

Bei Gruppenarbeiten sprechen die Schüler häufig Deutsch. Mitunter liegt das an den Aufgaben: Bei noch begrenztem sprachlichen Repertoire, das spontan verwendet werden soll, achten Sie darauf, nur die Interaktion über die Sache und nicht den Austausch auf der Metaebene (Auswahl- und Einigungsprozesse) zu verlangen. Beginnen Sie bei ungeübten Gruppen mit Partnerarbeit statt Gruppenarbeit und wählen Sie zunächst unkomplizierte Formen des kooperativen Lernens wie beispielsweise Tandembögen.

Gleich mal ausprobieren

Falls die Schüler trotz dieser Tipps zu viel Deutsch sprechen, kann eine *tarjeta alemana* Abhilfe schaffen (Tipp 36). Sie wird innerhalb der Gruppe jeweils zu dem Gruppenmitglied ge-

❯ Tipp 36

> schoben, das Deutsch gesprochen hat. Derjenige, der am Ende die *tarjeta alemana* bei sich liegen hat, muss bis zum nächsten Mal eine Sprachaufgabe erledigen.

33 Fehler korrigieren

Orientierung geben

Es gibt keine Spanischstunde ohne Fehler! Wie gehen Sie damit um? Während der Lehrbuchphase, wenn die Schüler Übungen zu sprachlichen Mitteln erledigen, ist das Korrigieren ja noch relativ einfach. Die Lösungen sind entweder richtig oder falsch. Fehler müssen unbedingt als solche gekennzeichnet werden, denn Schüler erhalten nur über eindeutige Rückmeldung Orientierung für ihren Lernprozess. Ein Schüler, dessen Fehler nicht korrigiert wird, wiegt sich im Glauben, seine Äußerung sei richtig gewesen. Und sein Nachbar, der den nicht korrigierten Fehler gehört hat, wird vielleicht verunsichert oder denkt: „Na, so genau scheint es nicht darauf anzukommen, da muss ich mich nicht anstrengen."

Fehlerkorrektur zum Unterrichtsritual erheben

❱ Tipp 18, 19

❱ Tipp 73

Schwieriger ist die Korrektur beim Vortrag von Texten oder Rollenspielen, und erst recht bei fortgeschrittenen Lernern im Unterrichtsgespräch. Warum machen Sie in solchen Fällen aus der Fehlerkorrektur nicht eine eigene Phase am Ende der Stunde? *Los 5 minutos de corrección* können ebenso eine Unterrichtsroutine werden wie Rituale zu Beginn des Unterrichts (Tipp 18, 19). Merken bzw. notieren Sie sich die häufigsten oder gravierendsten Fehler. Fünf oder zehn Minuten vor Stundenende präsentieren Sie diese an der Tafel oder dem Smartboard. Lassen Sie die Schüler die Fehler richtigstellen (Tipp 73), eventuell die Regel sagen oder ein bis zwei weitere Beispiele bilden, und streichen Sie das Falsche an der Tafel durch.

Das zeitverzögerte Korrigieren entlastet Sie und hat durch die Anonymisierung den positiven Nebeneffekt, dass die Fehlerkorrektur für die Schüler ihren Schrecken verliert.

Achtung!
Verschieben Sie auf keinen Fall die Fehlerkorrektur in die nächste Stunde! Sie ist nötig, um der Fossilierung von Fehlern vorzubeugen.

Um die Ecke gedacht
Nicht immer müssen die in den 5 *minutos de corrección* aufgegriffenen Fehler wirklich gemacht worden sein! Diese Phase eignet sich auch, um typische Fehlerquellen immer wieder ins Bewusstsein zu heben.

DAS UNTERRICHTSTEMPO STEUERN

34

Auch die beste Planung geht nicht immer auf die Minute genau auf. Aber es gibt Stellschrauben, über die man steuern kann, ob der Abschluss einigermaßen elegant gelingt:
- Planen Sie grundsätzlich schon einmal mit 5 Minuten weniger, als Sie eigentlich haben. Irgendetwas führt immer zu Verzögerungen (Tipp 6)! ❯ Tipp 6
- Wenn Sie eine Gruppenarbeit mit anschließender Präsentation ansagen, achten Sie darauf, spätestens eine halbe Stunde vor dem Stundenende damit zu beginnen (das gilt für 45-minütige Stunden und muss für längere Stunden entsprechend angepasst werden). Dann haben die Schüler noch 15 Minuten für die Erarbeitung und 15 Minuten für die Präsentation. Auf keinen Fall darf die Präsentation kürzer sein als die Erarbeitung – dann hat sich die Arbeit aus Sicht der Schüler nicht gelohnt!
- Wenn Sie merken, dass die Zeit drängt, nehmen Sie nur noch die Stärkeren dran: Egal ob es um das Vorlesen des Lektionstextes geht, die Lösungen einer Übung oder das Vorspielen eines Rollenspiels – Sie müssen weniger korrigieren und alles geht schneller. Das darf aber natürlich nicht zur Regel werden!

- Wenn Sie merken, dass Sie den Zeitbedarf falsch eingeschätzt haben und die Schüler schneller sind als gedacht, gilt dasselbe umgekehrt. Außerdem können Sie Übungen, die eigentlich für die Einzelarbeit konzipiert waren, nach dem Prinzip „P-I-P" *(Pensar – Intercambiar – Presentar)* zu kooperativen Übungen umfunktionieren (Tipp 32) und so eine Phase – und damit Zeit – gewinnen. ▸ Tipp 32
- Wenn Sie die *5 minutos de corrección* am Stundenende als Unterrichtsroutine pflegen (Tipp 33), haben Sie immer einen Puffer: Bei Zeitnot verzichten Sie auf die Phase, bei zu viel Zeit fallen Ihnen bestimmt noch viele Fehler ein. ▸ Tipp 33

Um die Ecke gedacht

> Das Tempo lässt sich auch steuern über den Moment, in dem man eine Übung abbricht: wenn der Erste fertig ist, die meisten oder der Letzte. Zeit ist hier ein Instrument der Differenzierung. Überlegen Sie schon bei der Planung, wie Sie verfahren wollen und was Sie mit denen machen, die entweder noch nicht alles haben oder die warten müssen.

Zeit als Differenzierungsinstrument nutzen

Gleich mal ausprobieren

> Sie entlasten Ihre Stunden, wenn Sie daran denken, mitunter vorbereitende Hausaufgaben zu geben (Tipp 35): Dann können Sie z. B. die erste Phase eines „Lernen durch Lehren" oder eines Gruppenpuzzles schon vorbereiten lassen und kommen auch in 45 Minuten nicht in Zeitnot.

▸ Tipp 35

35 SINNVOLLE HAUSAUFGABEN GEBEN

Hausaufgaben – des Lehrers Lust, der Schüler Leid? Keineswegs! Gute Hausaufgaben, also solche, die das Lernen und den Unterricht fördern, können auch den Schülern sinnvoll erscheinen. Und umgekehrt können schlecht gestellte Hausaufgaben für die Lehrkraft selbst zum Problem werden. Bei der Planung sinnvoller Hausaufgaben helfen folgende Überlegungen:

- Muss aus der jetzt geplanten Stunde etwas nachbereitet/vertieft werden? Kann für die nächste Stunde etwas vorbereitet/wiederholt werden? Was ist wichtiger? Nach- und Vorbereitung sind die Funktionen von Hausaufgaben. Nachbereiten heißt aber nicht, dass das Lernen zu Hause geschehen soll!   *Funktionen von Hausaufgaben*
- Wie integriere ich die Hausaufgabe in meine nächste Stunde? Das ist zentral: Für das Stellen sinnvoller Hausaufgaben müssen Sie immer schon über den Tellerrand der anstehenden Stunde hinausblicken und den weiteren Unterrichtsverlauf grob im Kopf haben (Tipp 34)!   *Vorausschauende Planung*   ❯ Tipp 34
- Fördert die Hausaufgabe tatsächlich die aktive Auseinandersetzung mit dem Lernstoff? Wissen die Schüler, wie das geht? Überprüfen Sie Aufträge wie *Aprended el vocabulario* vor diesem Hintergrund!   *Lernwirksamkeit*
- Ist die Hausaufgabe sinnvoll in Einzelarbeit zu Hause zu erledigen? Einen Dialog allein zu schreiben hat wenig Sinn! Grundsätzlich sollte gelten: Sprechen (ggf. mit entsprechender schriftlicher Vorbereitung) und hören können die Schüler nur in der Schule, schreiben und lesen/recherchieren können sie hingegen auch allein zu Hause.   *Angemessenheit*
- Zu wann ist diese Hausaufgabe zu erledigen? Nicht jede Hausaufgabe muss zur nächsten Spanischstunde aufgegeben werden. Hausaufgaben von der letzten Stunde am Nachmittag zur ersten Stunde am nächsten Morgen verbieten sich sowieso, ebenso Hausaufgaben über die Ferien. Ausnahme kann die vorgreifende Lektüre einer Ganzschrift sein, deren Besprechung dann aber auch erst mit etwas zeitlichem Abstand zu den Ferien begonnen werden sollte.

Um die Ecke gedacht

> Etliche Hausaufgaben lassen sich als Einstieg bzw. Unterrichtsroutine in der nächsten Stunde nutzen und damit „implizit" überprüfen, z. B. von den Schülern beschriftete Vokabelkärtchen bzw. Paraphrasierungen, Fragen und Antworten zum Text etc.

Achtung!

Wenn Sie Hausaufgaben geben, dann müssen diese zwingend auch überprüft und gewürdigt werden! Kein Schüler macht regelmäßig Hausaufgaben, wenn er weiß, dass die Lehrkraft sie öfters „vergisst" bzw. nicht einfordert.

Gleich mal ausprobieren

Für nicht gemachte Hausaufgaben brauchen Sie ein praktikables Instrument. Legen Sie z. B. einen Zettel auf Ihrem Pult aus, auf den alle diejenigen VOR der Stunde ihren Namen schreiben, die die Hausaufgabe nicht haben. In Ihrer Klassenliste tragen Sie dann hinter diese Namen einen Kreis ein. Wird die Hausaufgabe beim nächsten Mal VOR der Stunde unaufgefordert nachgereicht, kommt in den Kreis ein Häkchen, andernfalls ein Minus. Ein Minus erhält auch, wer seinen Namen nicht auf den Zettel geschrieben hatte und „erwischt" wird. Vereinbaren Sie mit den Schülern, was bei drei Minuszeichen passiert (Elternbrief, Notenabzug etc.).

SPRACHLICHES VORBILD SEIN

36

Sprachliches Vorbild

Einsprachigkeit
Das Sprachniveau variieren

Es ist und bleibt so, dass SIE im Spanischunterricht das wichtigste Sprachvorbild sind, auch wenn Sie häufig authentische Sprachpräsentationen von verschiedenen Tonträgern heranziehen. Dieser Tatsache sollten Sie Rechnung tragen, indem Sie den Unterricht von Anfang an konsequent einsprachig gestalten, Ihr Sprachniveau entsprechend der Lerngruppe variieren und den Schülern immer eine Nasenlänge voraus sind. Geben Sie Beispiele, nennen Sie das Gegenteil oder stellen Sie Bezüge zu anderen Wörtern aus der Wortfamilie her. Selbst beim simplen Aufrufen könnten Sie anstelle von *el siguiente* auch sagen: *¿Quién va a presentar ahora?, Julia, te toca a ti, ¿Quién se atreve?, Julia, te doy la palabra.* Wenn ein Schüler korrekt formuliert hat, fassen Sie den Inhalt mit anderen Worten zusammen, um so das Vokabular der Lernenden zu erweitern (Schüler: *No hay nubes.* –

Lehrer: *Correcto. El cielo está despejado.*). Das Gleiche gilt für das Erstellen von Tafel-/Whiteboardbildern. Sorgen Sie für Abwechslung und ergänzen Sie die Schüleräußerungen, ohne den Schülern dabei das Gefühl zu geben, dass das von ihnen Gesagte unwichtig oder gar falsch sei (Schüler: *Esta chica tiene el pelo rojo.* – Lehrer: *Sí, es pelirroja.*).

Um die Ecke gedacht

> Damit auch die Schüler konsequent die Einsprachigkeit einhalten, erhalten sie aus der *caja alemana* eine Zusatzaufgabe, wenn sie im Unterricht Deutsch sprechen, obwohl die spanische Flagge an der Tafel anzeigt, dass in dieser Phase durchgehend Spanisch gesprochen werden soll (Tipp 50).

Caja alemana

▸ Tipp 50

Gleich mal ausprobieren

> Auch Ihr Lob können Sie abwechslungsreich gestalten: *perfecto, correcto, muy bien, lo has dicho bien, es una buena idea/respuesta, es cierto, tienes razón.*

SPRACHMITTLUNG SCHULEN

37

Die Situation ist „im wirklichen Leben" gar nicht so selten: Jemand, der Deutsch UND Spanisch kann, vermittelt zwischen zwei oder mehr Personen, die Deutsch ODER Spanisch können. Die Vorbereitung auf diese anspruchsvolle Kompetenz ist deshalb völlig zu Recht in den Unterricht integriert worden. Folgendes sollten Sie beachten, wenn Sie selbst Sprachmittlungsaufgaben erstellen:

- Der situative Rahmen muss ganz klar sein: Wer mittelt was für wen, warum und mit welcher Absicht? Daraus ergibt sich, welche Informationen gemittelt werden müssen, welche Erläuterungen eventuell hinzuzufügen sind und in welchem Sprachduktus gesprochen oder geschrieben werden soll.

Klarer situativer Rahmen

- Der Kontext muss möglichst authentisch und die Thematik möglichst schülernah sein: Der Mittler soll ja in seine Rolle eintauchen können; deshalb eignen sich für die Schüler Situationen und Inhalte besonders, die mit dem Themenbereich *jóvenes* im weitesten Sinne zu tun haben.

Authentischer Kontext und schülernahe Thematik

- Es muss interkulturelles Mittlungspotenzial geben: Der große Vorteil von Sprachmittlungsaufgaben ist, dass sie interkulturelles Wissen und interkulturelle Kompetenz sichtbar machen können. Zu erkennen, welche Begriffe oder Konzepte in der anderen Sprache und Kultur keine Äquivalenz haben, und diese dann zu erläutern, unterscheidet die Sprachmittlung von der Übersetzung.

Interkulturelles Mittlungspotenzial

Um die Ecke gedacht

Sprachmittlungssituationen ergeben sich bei einem Austausch fast von allein. Sie können sie nutzen, indem Sie Ihren Schülern und den Austauschschülern Aufgaben stellen, bei denen sprachliche und kulturelle Besonderheiten geklärt werden müssen (Tipp 95).

› Tipp 95

Achtung!

Sprachmittlungsaufgaben führen dazu, dass im Spanischunterricht Deutsch gesprochen wird. Es ist wichtig, den Schülern klarzumachen, dass dies eine Ausnahme hinsichtlich der Einsprachigkeit ist, die sich aus dem Aufgabenformat ergibt und auf dieses begrenzt ist.

Gleich mal ausprobieren

Eine Fundgrube für deutsche Ausgangstexte zur Sprachmittlung mit viel interkulturellem Mittlungspotenzial sind Materialien für den Unterricht von Deutsch als Fremdsprache. Entdecken Sie z. B. im Internet den Bereich „Deutsch lernen" der Deutschen Welle. Oder abonnieren Sie mit den anderen Fremdsprachenfachschaften Ihrer Schule zusammen das Magazin *Presse und Sprache,* das deutsche Pendant zu *Revista de la Prensa.*

Geeignete Ausgangstexte

Hörverstehen gezielt schulen

38

Machen Sie auch die Beobachtung, dass Hörverstehen bei den Schülern vielfach unbeliebt ist und als schwierig empfunden wird? Das liegt einerseits an den spezifischen Herausforderungen dieser Teilkompetenz, z. B. der Flüchtigkeit der Information und dem nicht zu beeinflussenden Tempo der Informationsvermittlung. Es liegt andererseits vor allem aber auch daran, dass Hörverstehensübungen meist eher beiläufig in den Unterricht eingestreut werden. Geben Sie daher dieser Teilkompetenz Raum und machen Sie sie immer wieder einmal zum Schwerpunkt einer Stunde (Tipp 21, 22), in der ein Hörtext in mehreren Durchgängen progressiv „geknackt" wird. Vermitteln Sie dabei auch systematisch die erforderlichen Lerntechniken. Das geschieht über entsprechende Hörverstehensaufgaben (Tipp 39). Wenn die Schüler auf diese Weise den Text am Ende vollständig verstanden haben, haben Sie nicht nur die Hörverstehenskompetenz geschult, sondern erreichen auf längere Sicht auch eine Veränderung der Einstellung zum Hörverstehen.

❯ Tipp 21, 22
Hörverstehen als Schwerpunkt der Unterrichtsstunde

Lerntechniken vermitteln
❯ Tipp 39

Achtung!
Nichts ist motivierender als Erfolg (Tipp 10)! Achten Sie daher darauf, nach jedem Durchgang nicht mehr einzufordern, als Sie vorher angegeben haben, auch wenn Sie meinen, dass die Schüler mehr verstanden haben könnten. Die Schüler erfüllen in aller Regel den Hörauftrag gewissenhaft und sind stolz, wenn Sie alles oder das meiste richtig verstanden haben. Fragen Sie mehr ab, bringen Sie die Schüler um dieses Erfolgserlebnis!

❯ Tipp 10

Um die Ecke gedacht
Gerade weil das Hörverstehen den Schülern häufig Probleme bereitet, ist es wichtig, dass der Unterricht einsprachig geführt wird und Sie ein möglichst authentisches sprachliches Vorbild sind (Tipp 36).

❯ Tipp 36

Hörbücher nutzen

Gleich mal ausprobieren

Nicht nur während der Lehrbucharbeit lässt sich Hörverstehen trainieren, sondern auch danach. Hörbücher sind außerhalb der Schule sehr beliebt: Nutzen Sie sie auch für den Unterricht und lassen Sie Literatur hören!

HÖRVERSTEHENSÜBUNGEN KONZIPIEREN

39

Die häufigsten Hörverstehensübungen sind Lückentexte. Aber sie sind weder die einzigen noch die besten Übungen! Denken Sie daran, dass das Hörverstehen ein rezeptiver Vorgang wie das Lesen ist. Beim Lesen unterscheiden Sie zwischen *actividades antes – durante – después de la lectura*. Das funktioniert beim Hören auch! Zunächst ist es wichtig, das Verstehen vorzubereiten, z. B. durch folgende Lerntechniken:

antes
- *formular hipótesis*
- *anticipar la situación, los ruidos, los personajes ...*
- *tomar apuntes sobre el tema general, p. ej. en una tabla, en un mapa de ideas etc.*

Anschließend präsentieren Sie den Text mehrfach mit unterschiedlicher Zielsetzung (Tipp 38):

▸ Tipp 38

durante
- *comprensión global: fijarse en la situación, los ruidos, los personajes; trabajar con las preguntas "¿qué?", "¿quién?", "¿cuándo?" etc.; marcar en una lista si la información sale en el texto o no; relacionar imágenes y palabras; ordenar las partes del texto*
- *comprensión selectiva: marcar respuestas en una lista de selección múltiple, elegir palabras clave, reunir informaciones sobre un tema especial*
- *comprensión detallada: reconstruir el texto, realizar tareas de "correcto/falso", responder a preguntas sobre detalles, rellenar blancos en el texto, completar frases*

después
Im letzten Schritt stellen Sie analytische oder kreative Aufgaben zum Inhalt des Gesamttextes. Schließlich dient auch das Hörverstehen der Kommunikation, also der Auseinandersetzung mit der Mitteilung.

Achtung!

> Gehen Sie bei der Aufgabenerstellung nie von der verschriftlichten Fassung (z. B. Liedtext oder Transkript), sondern immer vom gehörten Text aus. Das ist das, was auch die Schüler leisten sollen!
>
> Die Erstellung von validen Hörverstehensaufgaben zur Leistungsmessung ist sehr schwierig. Achten Sie auf jeden Fall darauf, dass Sie wirklich nur das Hörverstehen und nicht etwa die Schreibfertigkeit überprüfen und dass bei Auswahlantworten die Rate- und die Folgefehlerwahrscheinlichkeit gering sind. Die Kombination von geschlossenen (richtig/falsch) und halboffenen Aufgaben (Ergänzungen, Zusammenfassungen) (Tipp 57) hat sich hier bewährt. ❯ Tipp 57

Die didaktische Route beachten

40

Haben Sie sich auch schon mal gefragt, warum die Schüler etwas, was Sie ihnen doch erklärt haben, nicht können? Oder warum die Schüler von etwas, das sie schon einmal geübt haben, behaupten, sie hätten noch nie etwas davon gehört? Vielleicht liegt die Erklärung darin, dass Sie trotz didaktischer Analyse (Tipp 20) beim Unterrichten die „didaktische Route" (s. u.) nicht beachtet haben. Dieses von Kees Vreugdenhil entwickelte Instrument zur Planung und Reflexion von Unterricht basiert auf der Erkenntnis, dass der Mensch auf zwei Arten lernen kann: durch Information und durch Erfahrung. Voraussetzung für das Lernen ist aber, dass die Information oder die Erfahrung im Subjekt – also dem Schüler – bewusst verarbeitet wird. Das bedeutet, dass jede Information verarbeitet werden muss, bevor mit ihr geübt wird, und jede Erfahrung reflektiert werden muss, bevor sie zu gesichertem Wissen wird. Das kann bei der Arbeit an sprachlichen Mitteln z. B. durch folgende Aufgaben geschehen.

❯ Tipp 20

Lernen durch Information und durch Erfahrung

Verarbeitungs- und Reflexionsaufgaben

Verarbeitung:
- Informationen mit eigenen Worten wiedergeben
- Sachverhalte auf unterschiedliche Weisen verstehen/wiedergeben/visualisieren
- eigene Beispiele geben
- Verbindungen aufzeigen
- Gegenteile oder Widerspruch formulieren
- Fragen zu einem Sachverhalt formulieren

Reflexion:
- Verwendung der geforderten sprachlichen Mittel reflektieren (Quantität/Qualität)
- Selbstkorrektur
- Benennung von mit der Struktur / dem Wortschatz realisierbaren Kommunikationsabsichten
- Benennung von noch vorhandenen Defiziten
- Satzanfänge ergänzen, z. B.: *Eso me sirve para ... / Lo más difícil de esto es ... porque ... / Mi expresión favorita es ... porque ...*

Das Modell der didaktischen Route variiert, je nachdem, ob vornehmlich Kenntnisse erworben oder Fertigkeiten geübt werden sollen. In beiden Fällen werden alle drei Bereiche bedient, jedoch wird im ersten Fall die Route überwiegend im linken Bereich und der Mitte hin- und hergehen und sich im zweiten Fall eher rechts und in der Mitte bewegen.

Die didaktische Route

Die didaktische Route – ein Planungs- und Reflexionsinstrument

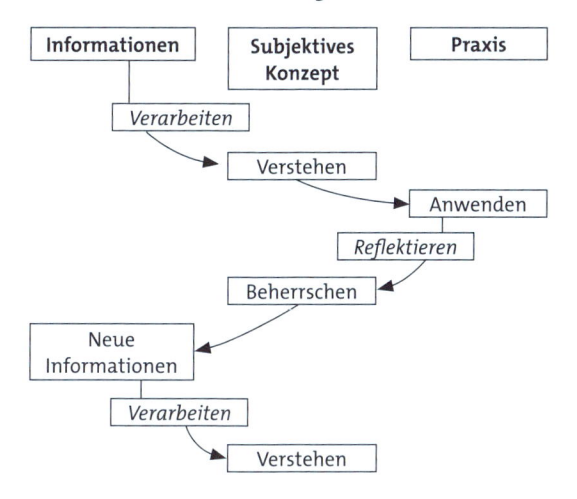

```
Informationen      Subjektives        Praxis
                    Konzept
        Verarbeiten
              ↓
           Verstehen
                    ↓
                 Anwenden
                Reflektieren
              Beherrschen ←
     Neue
  Informationen ←
    Verarbeiten
              ↓
           Verstehen
```

(aus: Der fremdsprachliche Unterricht Spanisch 55 (2016), S. 8; angelehnt an Tschekan, Kerstin, 2012, S. 19, 21)

Gleich mal ausprobieren

Planen Sie doch Ihre nächste Stunde nach dem Modell der didaktischen Route! Eine didaktische Route kann an beliebiger Stelle beginnen, d. h. mit einem Input, mit dem Anknüpfen an Vorwissen oder mit dem praktischen Tun. Wichtig ist lediglich, dass die Abfolge im Anschluss stets den Schritt über das subjektive Konzept berücksichtigt und dass der Lernprozess immer mit dem subjektiven Konzept endet.

DEN UNTERRICHT ALS THEMA NUTZEN

Wenn für ein bestimmtes Grammatikkapitel mehr Übungen benötigt werden, als das Buch hergibt, überlegen Sie, ob sich nicht der Unterricht selbst als Thema eignet!

Den Unterricht thematisieren

41

Im *subjuntivo* beispielsweise lassen sich die Wünsche formulieren, die die Schüler oder die Lehrkraft haben. Alternativ kann man den idealen Lehrer/Schüler/Unterricht oder auch die ideale Schule beschreiben:
- *Yo como profesor/a quiero que los alumnos (no) ...*
- *Nosotros como alumnos queremos que el profe (no) ...*
- *Para la clase de español es importante que ...*
- *Para mí, es importante que el profesor / los alumnos ...*

Es lassen sich auch sinnvolle reale und irreale Konditionalsätze im situativen Kontext „Schule" bilden:
- *Si los profes (no) ..., los alumnos (no) ...*
- *Si fuera posible, el profesor / los alumnos ...*

Selbst die Dimensionen Vergangenheit und Zukunft lassen sich nutzen:
- *En el año 1950, en el instituto (no) ... Los profesores ... y los alumnos ...*
- *En el año 2050, en el instituto (no) ... Los profesores... y los alumnos ...*

Gleich mal ausprobieren

> Tipp 11–13

Die Formulierung von Erwartungen ist in fortgeschrittenen Gruppen auch ein guter Einstieg nach den Ferien (Tipp 11–13)!

Um die Ecke gedacht

Authentische Kommunikation

Im Grunde genommen ist das Gespräch über den Unterricht die einzige wirklich authentische Kommunikationssituation im Unterricht. Deshalb lohnt es sich, ab und an eine Stunde mit diesem Thema zu planen!

Vokabeln sinnvoll vernetzen

42

Kennen Sie das auch: Sie werfen einen Blick auf das Vokabelverzeichnis einer *unidad* und stellen fest, dass die Wörter häufig ohne Zusammenhang aufgelistet werden? Ordnen Sie die Wörter sinnvoll: Adjektive können z. B. zusammengefasst und um das Gegenteil ergänzt werden, um dann ein neues

Substantiv zu beschreiben. Versuchen Sie, eine *mapa mental* zur neuen Lektion anzulegen, die dem mentalen Lexikon der Schüler entspricht und des Abschreibens würdig ist. Natürlich fällt das bei einigen Themen leichter, aber ein Zusammenhang *(la ciudad, el instituto, el medio ambiente, actividades posibles en ..., ir de compras)* bzw. eine Gliederung in Kategorien lässt sich eigentlich immer herstellen. Die Mitschrift könnten Sie dann zu Hause von den Schülern ergänzen lassen um die Wörter aus der Lektion, die im Tafelbild keinen Platz gefunden haben, um so sicherzustellen, dass die Lerngruppe sich noch einmal bewusst mit den Vokabeln auseinandersetzt. Auf diese Weise ist dann ein wichtiger Teil der Wortschatzarbeit im Unterricht geleistet worden, und das entlastet die häusliche Arbeit der Schüler. Die angefertigte *mapa mental* kann auch als Grundlage eines Vokabeltests dienen (Tipp 68). Eine hilfreiche Ergänzung für die Vokabelarchivierung der Schüler sind Bildwortfelder, die nach thematischen Zusammenhängen geordnet sind (z. B. *en casa, el deporte* etc.) und die als Kopie ausgeteilt werden können, um auch den visuellen Lernern gerecht zu werden.

> *Mapa mental* anlegen

> ❯ Tipp 68
> Bildwortfelder austeilen

Um die Ecke gedacht

Werfen Sie immer einen Blick auf die Vokabeln der nächsten Lektionen bzw. zu Anfang auch einmal auf das gesamte Vokabelverzeichnis, um zu wissen, welche alltagsnotwendigen Wörter Sie zu bestimmten Themen noch ergänzen müssen (z. B. beim Restaurantbesuch: Rechnung, Gabel; beim Austausch: Pflaster, Toilettenpapier, Halsschmerzen...) und welche Wörter Sie vorausschauend gruppieren können (z. B. *el desayuno, la cena, el almuerzo*).

Gleich mal ausprobieren

Vokabeln prägen sich besonders gut in festen Wendungen und kleinen Kontexten ein. Berücksichtigen Sie deshalb typische Wortverbindungen, sogenannte *chunks*, im Tafelbild. Das Lernen solcher Verbindungen fällt mit Reimen und Liedern besonders leicht (Tipp 50).

> ❯ Tipp 50

Vokabeln spielerisch wiederholen

43

Vokabeln sind die wichtigste Grundlage für das Erlernen einer Fremdsprache. Bis sie jedoch ins Langzeitgedächtnis übergehen, müssen sie mehrfach (Orientierungswert: 7-mal) über einen längeren Zeitraum hinweg wiederholt werden. Das kann spielerisch geschehen. Bereiten Sie dafür – in Anlehnung an die Ihnen vermutlich bekannten Vorbilder – folgende Spiele vor:

Vier Spiele zum Wiederholen der Vokabeln

- Der Lehrer nennt einen Oberbegriff zu einem zuvor behandelten Wortfeld (z. B. *familia*). Anschließend müssen die Schüler in Partnerarbeit abwechselnd Verwandtschaftsbezeichnungen dazu nennen *(madre, hermano ...)*. Sobald einem der beiden kein Begriff mehr einfällt, erhält der andere einen Punkt. Um sicherzustellen, dass die Wortfelder von allen Schülern umfassend bearbeitet werden, bietet es sich an, die Begriffe anschließend noch einmal in der Klasse zusammenzutragen. Dies kann in Form eines Wettbewerbs geschehen, bei dem das Schülerpaar als Sieger hervorgeht, das die meisten Begriffe zu einem Wortfeld nennen konnte.

- Zu verschiedenen Oberbegriffen werden zunächst passende Unterbegriffe auf einer Karte gesammelt (z. B. *fruta: plátano, fresa, uva, manzana, pera, cereza*). Dies kann entweder vom Lehrer vorbereitet oder auch in Kleingruppen von Schülern entwickelt werden. Anschließend wird in Kleingruppen gespielt, indem der Oberbegriff genannt wird und jeweils eine Gruppe in einer vorgegebenen Zeit (1 Minute) so viele Unterbegriffe wie möglich nennt. Für jeden erratenen Begriff der Karte erhält die Gruppe dann einen Punkt.

- Die Schüler versuchen, in einer vorgegebenen Zeit möglichst viele Begriffe, die einzeln auf Kärtchen notiert sind, zu erklären bzw. zu umschreiben. Während das Originalspiel als zusätzliches Hindernis auf den Kärtchen weitere Begriffe anführt, die bei der Umschreibung nicht verwendet werden dürfen, kann darauf vor dem Hintergrund verzichtet werden, dass es in realen Sprechsituationen für die

Schüler ja gerade darum geht, unbekannten Wortschatz mit den ihnen zur Verfügung stehenden Mitteln zu erklären (Tipp 45). Alternativ ist auch denkbar, die vorhandenen Begriffe zur Differenzierung zu nutzen, indem die schwächeren Schüler auf sie als Hilfe für die Erklärung zurückgreifen dürfen, während genau dies den leistungsstärkeren untersagt ist.

❯ Tipp 45

- Dieses Spiel kann erweitert werden, indem festgelegt wird, ob die Begriffe mit Worten erklärt, gezeichnet oder pantomimisch dargestellt werden sollen. Bereits bei der Vorbereitung des Spiels sollte also in die Überlegungen einbezogen werden, welche Begriffe sich für welche Kategorie besonders gut eignen. So lassen sich Gegenstände z. B. gut zeichnen oder Tätigkeiten gut pantomimisch darstellen.

Bei allen Spielvarianten gewinnt am Ende der Spieler bzw. die Gruppe mit der höchsten Punktzahl.

Achtung!

Die beschriebenen Spiele gibt es auch in Spanien und eine Anschaffung für den Einsatz im Unterricht kann durchaus sinnvoll sein. Nicht immer jedoch ist das dort zugrunde liegende Vokabular den Schülern bereits bekannt, sodass eine Vorauswahl der Karten durch den Lehrer erfolgen muss.

Um die Ecke gedacht

Die letzten Stunden vor den Ferien, in denen ein produktives Arbeiten oft kaum noch möglich ist, können gut genutzt werden für die Erstellung solcher Spiele, die dann nach den Ferien (und auch zwischendurch immer mal wieder) zum Einsatz kommen.

44 Mit dem Wörterbuch arbeiten

Klassische Übersetzungsfehler vermeiden

▸ Tipp 14

Ich lackiere mir die Nägel – *Me pinto los clavos*.
Um solche klassischen Übersetzungsfehler zu vermeiden, ist es notwendig, die Arbeit mit dem Wörterbuch gezielt zu trainieren. Dies geschieht abhängig von der Klassenstufe durch spielerische Übungen zum Alphabet, Erläuterungen zum Aufbau des Wörterbuchs sowie Erklärungen zu gängigen Zeichen und Abkürzungen. Dazu eignet sich z. B. eine Rallye (Tipp 14), aber auch Übersetzungsübungen mit Wörtern und Sätzen, die schnell und unmissverständlich die Tücken der Wort-für-Wort-Übersetzungen ans Tageslicht bringen. Redewendungen dürfen dabei auch nicht fehlen (*Llueve a cántaros* – Es regnet Krüge). Hier bieten sich insbesondere Tierbilder an, zu denen Redensarten gesucht und in beiden Sprachen verglichen werden. Welche Entsprechung finden Ihre Schüler für *Más vale un pájaro en la mano que ciento volando?* Kommen sie auf „Lieber ein Spatz in der Hand als eine Taube auf dem Dach"? Wichtig ist es, auf die Besonderheit des Spanischen mit seinen vielen lateinamerikanischen Varietäten hinzuweisen.

Auf Varietäten des lateinamerikanischen Spanisch hinweisen

Achtung!
Im Falle elektronischer Wörterbücher ist eine kostenlose Schulung vom Fachmann für Lehrer/Schüler sehr nützlich, denn erst nach dieser Einführung können die reichhaltigen Möglichkeiten ausgeschöpft werden.

Gleich mal ausprobieren
Schreiben Sie die Verlage an und bitten Sie um Materialien zum Umgang mit dem Wörterbuch. Sie werden positiv überrascht sein von der Vielzahl an Übungen und Postern, die Sie entlasten.

Kompensationsstrategien trainieren

45

Im direkten Kontakt mit Muttersprachlern wird ein Gespräch kaum richtig in Gang kommen, wenn die Schüler jede dritte Vokabel im Wörterbuch nachschlagen. Daher ist es von grundlegender Bedeutung, ihnen von Anfang an Kompensationsstrategien an die Hand zu geben, mit deren Hilfe sie in die Lage versetzt werden, eine Kommunikation aufrechtzuerhalten.

In einem ersten Schritt sollte den Schülern daher Vokabular bereitgestellt werden, mit dessen Hilfe sie andere Begriffe umschreiben können: *Es una cosa para … / Se necesita para … / Sirve para … / Lo haces cuando …* In einem zweiten Schritt gilt es dann, diese Strategien konkret anzuwenden, um sie zu verinnerlichen. Hierfür eignen sich vor allem kleine Tandemübungen. Als situativer Rahmen kann ein imaginärer Aufenthalt in einem spanischsprachigen Land dienen: Während ein „deutscher" Schüler bestimmte deutsche Begriffe oder Bilder auf seinem Zettel hat, deren spanische Bezeichnung er nicht kennt und die er daher umschreiben muss, hat der „spanische" Schüler die entsprechenden Abbildungen mit der spanischen Benennung auf seinem Zettel, sodass er sie anhand der Beschreibung des Partners identifizieren kann. Anschließend werden die Rollen getauscht. Zur Umschreibung besonders geeignet sind Alltagsgegenstände, die im realen Leben häufig gebraucht, die jedoch in den Lehrwerken eher vernachlässigt werden (z. B. Fön, Handtuch, Pflaster).

Begriffe umschreiben

Begriffe gegenseitig erläutern

Schüler A

Quieres ducharte. Necesitas einen Fön *und ein* Handtuch. *Habla con tu compañero y pídele las cosas.*

Schüler B

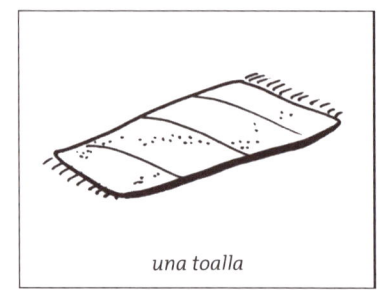

una toalla

un secador de pelo

Gleich mal ausprobieren

Es ist auch denkbar, dem Training der Kompensationsstrategien einen festen Platz im Unterricht einzuräumen. So kann der Lehrer z. B. am Stundenbeginn jeweils einen Schüler einen Gegenstand (ohne dass dieser von der Klasse gesehen wird!) aus einer Tüte ziehen lassen, den er dann seinen Mitschülern beschreiben muss und der von ihnen erraten werden soll (**Tipp 19**).

› Tipp 19

46

INHALTE SPIELERISCH WIEDERHOLEN

› Tipp 13

Sich einen Überblick über vorhandene Kenntnisse verschaffen

Stellen Sie sich vor, Sie übernehmen nach den Sommerferien (**Tipp 13**) einen Spanischkurs von einem Kollegen oder einer Kollegin. Natürlich haben Sie sich zuvor nach den behandelten Inhalten erkundigt – aber können Sie sich sicher sein, dass diese auch wirklich bei allen Schülern (noch) präsent sind? Gerade nach den langen Sommerferien offenbart sich häufig die ein oder andere Lücke. Um sich einen schnellen Überblick über den Leistungsstand der Gruppe und eventuell vorhandenen Wiederholungsbedarf zu verschaffen (und das gilt für eigene, fortgeführte Kurse ebenso wie für neu übernommene!), bietet sich als spielerischer und motivierender Wiedereinstieg ein Wissensquiz mit Wettkampfcharakter an, mit dem vorausgegangene Inhalte rekapituliert werden.

Sie überlegen sich im Vorfeld – abhängig vom jeweiligen Stand der Lerngruppe – geeignete Kategorien und entscheiden sich für eine bestimmte Anzahl von Schwierigkeitsstufen. Bei fünf Schwierigkeitsstufen benötigen Sie fünf Fragen pro Kategorie, welche von sehr einfach (10 Punkte) bis anspruchsvoll/schwer (50 Punkte) unterteilt werden. Diese Fragen notieren Sie sich auf einem Zettel, der Ihnen als Grundlage für das Spiel dient.

Wiederholungskategorien und Schwierigkeitsstufen festlegen

Zu Beginn der Stunde halten Sie die gewählten Kategorien sowie die Schwierigkeitsstufen an der Tafel fest, z. B.:

Categoría	Puntos				
Conjugación	10	20	30	40	50
Gramática mixta	10	20	30	40	50
Traducción	10	20	30	40	50
Información general sobre España y Latinoamérica	10	20	30	40	50

Die Klasse wird in Teams unterteilt (ideal: 3–4 Schüler pro Gruppe), die gegeneinander antreten. Nacheinander wählen die Gruppen nun eine Kategorie und den gewünschten Schwierigkeitsgrad. Sie als Moderator lesen die jeweilige Frage vor und die Gruppe darf sich kurz beraten (festgelegte Zeit z. B. 1 Minute), bevor sie ihre Antwort nennt. Ist diese richtig, erhält die Gruppe die entsprechende Punktzahl. Sollte die Antwort ausbleiben oder falsch sein, dürfen sich die nachfolgenden Gruppen im Uhrzeigersinn an der Antwort versuchen und haben somit die Möglichkeit, zusätzliche Punkte zu ergattern. Auf diese Weise sichern Sie die Aufmerksamkeit aller während des gesamten Wettbewerbes. In Abhängigkeit von den Schülerantworten können Sie als Lehrer flexibel entscheiden, an welchen Stellen Sie ggf. für eine kurze Wiederholung innehalten bzw. welche Aspekte Sie zu einem späteren Zeitpunkt noch einmal aufgreifen wollen. Wenn alle Aufgaben gelöst sind oder sich das Stundenklingeln nähert,

Alle Schüler einbinden

Passgenau wiederholen

werden die erzielten Punkte zusammengezählt und es wird die Siegergruppe mit den meisten Punkten ermittelt. Eine besondere Freude können Sie den Schülern sicherlich machen, wenn Sie eine kleine Prämie (z. B. *turrón*) bereithalten.

> **Gleich mal ausprobieren**
>
> Um das Spiel optisch ansprechend zu gestalten und immer wieder flexibel einsetzen zu können, bietet es sich an, die Punktzahlen auf buntem Papier (für jede Kategorie eine andere Farbe) groß auszudrucken, zu laminieren und dann jeweils an die Tafel zu kleben. Sobald eine Aufgabe gelöst wurde, erhält die Gruppe die entsprechende Karte. Am Ende kann auf diese Art und Weise die Gesamtpunktzahl schnell errechnet werden.

ÜBUNGSMATERIALIEN ERSTELLEN LASSEN

47

Von Schülern erstelltes Übungsmaterial

Nichts ist effektiver und für Sie arbeitserleichternder, als die Lernenden selbst Übungsmaterialien erstellen zu lassen. Die Schüler setzen sich intensiv mit der Sache auseinander und lernen den Stoff, ohne dies als mühselig zu empfinden, wenn sie selbst in die Rolle des Lehrers schlüpfen. Ein schöner Nebeneffekt ist das gesteigerte Verantwortungsbewusstsein: Für den Mitschüler arbeitet man lieber als für die Lehrkraft; somit werden die Hausaufgaben pflichtbewusster erledigt. Natürlich geben Sie gewisse Dinge vor, wie z. B. die zu verwendenden Strukturen und Vokabeln, die Anzahl von Übungen und mögliche Übungstypen, das Wo und Wie des Notierens von Lösungen usw. Das erstellte Material sichten Sie vor dem Einsatz und korrigieren eventuelle Fehler, bevor Sie es kopieren. Im Ergebnis haben Sie differenziert und besitzen eine Fülle von Materialien, die weiterhin genutzt werden können, sei es am Stundenanfang, wenn noch Organisatorisches zu erledigen ist (Tipp 18), oder für Probearbeiten (Tipp 69).

Einsatzmöglichkeiten des erstellten Übungsmaterials

▸ Tipp 18
▸ Tipp 69

Um die Ecke gedacht

Wenn Sie die Schüler Aufgaben zu unterschiedlichen Grammatikthemen und Vokabeln einer Lektion sowie deren Inhalt erarbeiten lassen, haben Sie alles bereit, um ein effektives Lernen an Stationen als Vorbereitung für die Klassenarbeit durchzuführen.

Gleich mal ausprobieren

Auch Vokabeltests können die Schüler für ihre Mitschüler erstellen (Tipp 68). Meistens geben sie sich bei dieser Aufgabe große Mühe und lernen ganz nebenbei selbst das Vokabular.

❯ Tipp 68

AUSSPRACHE TRAINIEREN

48

Auch wenn Sie am Anfang schnellstmöglich viele Redemittel vermitteln wollen, damit Ihre Schüler sprechen können, sollten Sie das Üben der Aussprache nicht vernachlässigen. Denn sie ist kein Selbstläufer! Alles, was Sie in den ersten Stunden nicht gründlich einüben und korrigieren, wird immer wieder auftauchen, und auch eine „deutsche" Aussprache schleift sich gleich am Anfang ein, wenn Sie als Lehrkraft nicht gegensteuern. Achten Sie z. B. darauf, dass die Schüler die r-Laute deutlich sprechen, auch am Ende der spanischen Infinitive. Die wichtigsten Ausspracheregeln zum *ll,* zu *c* und *g* (vor *a, o, u* und *e, i*), zum stummen *h,* zum *s,* zum *r* bzw. zum rollenden *rr* (Tipp 49) sind mittels *trabalenguas* wunderbar zu vermitteln. Außerdem ist es ratsam, *Powerlesen* (gleichzeitiges lautes Lesen der Gesamtgruppe) oder *Shadowing* (ein um Sekunden verzögertes lautes Mitlesen des Lektionstextes mit Ihnen oder über einen Tonträger) zu praktizieren, damit die Aussprache, Intonation und Sprechgeschwindigkeit nachgeahmt werden können. Oftmals reagieren die Schüler am Anfang skeptisch oder abweisend, aber Übung macht den Meister, und diese Methoden sorgen sogar in den Stunden, die spät am Tag liegen, noch für einen Energieschub.

Aussprache üben mittels *trabalenguas*

❯ Tipp 49
   Powerlesen
   Shadowing

Um die Ecke gedacht

Gruppenfindung und Ausspracheübung lassen sich koppeln: Die Schüler erhalten von Ihnen auf Papierschnipseln stehende *trabalenguas* und finden ihren Partner oder die Gruppe mit demselben Spruch, indem jeder seinen Text laut liest und dabei durch den Klassenraum geht.

Gleich mal ausprobieren

Geben Sie *trabalenguas cortos* oder *trabalenguas difíciles* in die Suchmaschine ein. Sie finden eine Vielzahl schöner Sprüche zum Üben der Aussprache.

Das spanische „r" anbahnen

49

Das [r] durch ein ed ersetzen

Einschleifen mithilfe von Übungssätzen

▸ Tipp 48

Eine große Herausforderung bezüglich der Aussprache stellt für unsere Schüler das spanische [r] dar. Wie können wir die Schüler diesbezüglich am besten unterstützen? Das Kunststück ist, den r-Laut nicht im Rachen zu bilden, sondern die Zungenspitze an die oberen Schneidezähne stoßen zu lassen. Dies geschieht im Deutschen bei der Bildung des Lautes [d]. Daher ist ein wertvoller Tipp, das [r] zunächst durch ein *ed* zu ersetzen: Lassen Sie die Schüler statt „Brötchen" *Bedötchen* sagen – zunächst langsam, dann mit zunehmendem Tempo. Daraus entsteht fast automatisch das spanische [r]. Um den Laut weiter zu festigen, können die Schüler Übungssätze zu Hilfe nehmen wie *Die Braut bricht das Brot* oder *Ein Prost den Prüfern und Prüflingen*. Dabei sollen die Schüler in ihrer Vorstellung das [r] zunächst jeweils durch ein *ed* ersetzen. Die Sätze klingen im Deutschen natürlich komisch und sorgen sicherlich für Gelächter, übertragen in die Fremdsprache funktioniert das Ganze dann aber erstaunlich gut. Zum weiteren Üben kann anschließend auf spanische Sätze und *trabalenguas* (Tipp 48) zurückgegriffen werden.

Gleich mal ausprobieren
Ermuntern Sie Ihre Schüler, sich selbst weitere Übungssätze zu überlegen – Spaßfaktor garantiert!

AUSWENDIG LERNEN LASSEN

50

Lange Zeit war es verpönt, aber es erlebt eine Renaissance: das Auswendiglernen. Das Wissen um die Bedeutung von verfügbaren *chunks* für das Sprachenlernen legitimiert dieses Vorgehen neu. Es ist hilfreich, ohne nachdenken zu müssen, ganze Sätze oder Satzbausteine abrufen zu können. Lassen Sie Ihre Schüler also ruhig Teile von Lektionstexten, ein Gedicht oder einen Liedtext auswendig lernen und, wenn es sich z. B. um einen Dialog handelt, in Partnerarbeit präsentieren. Gerade den jüngeren Lernern bereitet dies auch Freude! Das Auswendiglernen bietet sich an bei kurzen, gängigen Gesprächssituationen, z. B. Einkaufsdialogen, Gesprächen mit dem Kellner oder klassischen Verabredungen zwischen Freunden. Zudem ist das Memorieren auch eine sinnvolle Aufgabe für Störenfriede, Zuspätkommer oder Schüler, die unerwünscht Deutsch sprechen (Tipp 36).

Chunks

❯ Tipp 36

Eine schnelle, wirksame Methode, um das Auswendiglernen vorzubereiten oder zu trainieren, ist *Leer–Mirar–Hablar*. In Partnerarbeit liest jeweils ein Schüler einen Satz des Lektionstextes so lange, bis er ihn auswendig kann *(leer)*, dann schaut er seinem Partner in die Augen *(mirar)*, um ihm den Satz zu sagen *(hablar)*. Jetzt ist der andere Schüler dran. Bei langen Sätzen bietet es sich an, die Sätze in Satzteile zu zerlegen.

Leer–Mirar–Hablar

Gleich mal ausprobieren
Selbst auswendig gelernte Verbkonjugationen können durch das Einkleiden in einen Rap oder eine besondere Vertonung, wie z. B. mysteriöses Flüstern, ihren Reiz bekommen.

Verbkonjugationen vertonen

CÓMO PRACTICAR EN CLASE – ÜBUNGSIDEEN

Mnemotechniken nutzen

51

Gedächtniskünstler vollbringen unvorstellbare Leistungen und scheinen ein Gedächtnis zu haben, das sich nicht mit unserem oder dem unserer Schüler vergleichen lässt. Allem Anschein nach schauen sich diese Experten eine Seite Vokabeln nur für einen Augenblick an und schon haben sie sie für immer gespeichert. Diese erstaunlichen Leistungen haben nichts mit Zauberei, sondern mit Technik und Training zu tun: Auch Ihre Schüler können Mnemotechniken erlernen, mit denen es ihnen leichterfallen wird, Vokabeln zu lernen oder ein Referat frei vorzutragen. Grundprinzip dieser Techniken ist die Verknüpfung des zu lernenden Inhalts mit Mentalfaktoren wie Fantasie, Emotionen, Visualisierung und Lokalisierung (Tipp 28).

▶ Tipp 28

Wörter mit Bildern oder Gesten verknüpfen
- Wird ein Wort mit einem konkreten Bild oder einer Geste verknüpft, kann es später leichter wieder abgerufen werden. Wer also beim Vokabellernen Bilder im Kopf hat oder Gesten macht, wird später einen einfacheren Zugriff auf die Wörter haben – ein Grund dafür, warum Wortschatzeinführung mit Realien oder Gesten besonders effektiv ist.

Die Schlüsselwortmethode ausprobieren
- Eine sehr geeignete Methode, sich besonders schwere Vokabeln zu merken, ist die Schlüsselwortmethode. Hierfür wird die neue Vokabel mit einem ähnlich klingenden Wort der Muttersprache innerhalb eines Gedankenbildes verknüpft.

   Beispiel: *La manifestación* – **Manni** demonstriert und hält ein Transparent **fest** in der Hand. Je skurriler die Bilder, desto einprägsamer und somit abrufbarer sind sie.

Die Loci-Methode ausprobieren
- Um sich eine Reihenfolge von Wörtern oder Gedanken zu merken, kann man auf die Loci-Methode zurückgreifen. Sie basiert auf dem Prinzip, dass der Lerner in Gedanken einen Weg, z. B. den Weg durch sein Haus oder seinen Schulweg, im Detail abläuft und dabei einige markante Stellen festlegt: z. B. der Fußballplatz, die Bushaltestelle und das rote Schultor. In der Loci-Methode fungieren die-

se Stellen nun als Platzhalter, die immer wieder mit neuen Informationen belegt werden können. Wer sich Vokabeln merken möchte, stellt sich an jedem Wegpunkt ein Wort und seine Übersetzung vor. Nehmen Sie z. B. die Vokabeln *leche*, *jugar* und *curioso*. An der ersten Station schießt ein Spieler anstatt eines Fußballs eine **Milch**tüte ins Tor, die dort platzt. An der Bushaltestelle sitzen zwei Kinder und **spielen** Karten und durch das rote Schultor schaut der Hausmeister ganz **neugierig** auf die ankommenden Kinder. Wieder gilt: Je skurriler das Bild, desto besser wird es haften bleiben.

Gleich mal ausprobieren
Erklären Sie Ihren Schülern die Loci-Methode und spielen Sie dann zum Ausprobieren eine Runde „Ich packe meinen Koffer" mit dem aktuellen Lektionsvokabular.

DEN UMGANG MIT KONNEKTOREN SCHULEN

52

Einen Text strukturieren

Im fortgeführten Spanischunterricht bereiten Sie Ihre Schüler auf Klausuren mit längerer Textproduktion vor. Neben der Sprachrichtigkeit kommt es hier vor allem auch auf die Leserführung und Strukturierung des Textes an. Für einen kohärenten Text müssen die Schüler geeignete Konnektoren verwenden. Das können Sie folgendermaßen schulen: Am Ende einer Einheit erstellen Sie im Unterrichtsgespräch – je nach Thema – eine Mindmap mit Pro- und Kontraaspekten, Aussagen zum behandelten Zeitungsartikel oder charakterisierenden Aspekten einer Romanfigur. Aus diesen Wörtern und Satzteilen schreiben Sie nun zu Hause verschiedene Einzelsätze, die Sie mit großem Zeilenabstand kopieren, sodass die Schüler sie später auseinanderschneiden können. Geben Sie in der nächsten Stunde den Schülern die Aufgabe, alleine oder in Partnerarbeit die Kohärenz des so entstandenen Textes zu verbessern, indem sie die Sätze in eine geeignete Reihenfolge bringen und mit passenden Konnektoren verbinden. Dafür sollen die Schüler den Text zerschneiden, neu arrangieren, ins Heft kleben und mit Konnektoren versehen. Wenn die Konnektoren die Syntax beeinflussen, schreiben die Schüler die neuen, umgestellten Sätze auf. Lassen Sie die überarbeiteten Texte dann in Kleingruppen oder im Plenum vergleichen. Ein besonders gelungenes Ergebnis kann als Musterlösung im Sinne eines *andamiaje* für die jeweilige Textsorte (auf unser Beispiel oben bezogen also ein Kommentar, eine Zusammenfassung und eine Charakterisierung) für alle kopiert werden.

Gleich mal ausprobieren

Eine stärker mündlich geprägte Form dieser Konnektorenübung kann mit einem Strukturbild erreicht werden: Bei einer Texterarbeitung notieren sich die Schüler einzelne, zusammenfassende Sätze auf Karteikärtchen. Diese werden so gelegt, dass das entstehende Strukturbild der Kärtchen als Hilfe für die mündliche Zusammenfassung des Textes dient. In dieser mündlichen Phase verwenden die Schüler nun Konnektoren, um die Sätze auf den Kärtchen miteinander zu verknüpfen.

Ein Portfolio anlegen

53 — Lebensweltbezug

Im ersten Lernjahr werden viele Themenbereiche eingeführt, die die unmittelbare Lebenswelt der Schüler betreffen: Sie lernen, sich und ihre Familie/Freunde vorzustellen, ihre Stadt sowie ihr Zuhause zu präsentieren und über die Schule, ihre (Lieblings-/Haus-)Tiere, ihre Hobbys, Vorlieben und Abneigungen zu sprechen. Insbesondere bei jungen Lernern kann es sehr motivierend sein, dazu parallel ein Portfolio anzulegen, das im Laufe des Schuljahres – und vielleicht sogar darüber hinaus – sukzessive erweitert wird. So sind sie bereits nach wenigen Spanischstunden in der Lage, einen Steckbrief über sich zu schreiben, den sie mit Fotos oder Zeichnungen optisch ansprechend gestalten können. In weiteren Schritten kann das Portfolio dann um die Familie (ebenfalls mit Fotos oder einem gezeichneten Stammbaum) ergänzt werden, das eigene Zimmer kann gezeichnet, beschriftet und beschrieben werden ebenso wie die eigene Stadt. Zum Thema Kleidung kann eine Collage erstellt werden mit Kleidungsstücken, die den Schülern besonders oder auch gar nicht gefallen, gleiches gilt z. B. für das Essen. Darüber hinaus kann das Lieblingsbuch / der Lieblingsfilm / die Lieblingsband vorgestellt oder die eigene Schule anhand von Fotos oder Zeichnungen präsentiert werden. Eigentlich ist die Einbindung nahezu aller Themenbereiche denkbar, die im Laufe der *unidades* behandelt werden. Durch den Bezug zur eigenen Person gehen die Schüler dabei oft mit großer Sorgfalt zu Werke – und vielleicht noch mehr, wenn zu Beginn des Schuljahres angekündigt wird, dass die Portfolios als Unterrichtsbeitrag auch eingesammelt und bewertet werden.

Um die Ecke gedacht

Vielleicht erwartet die Schüler am Ende des Schuljahres eine Sprechprüfung? Auch hierfür kann das Portfolio eine wertvolle Grundlage darstellen, da die Schüler dort (im Idealfalle) alle relevanten Themen und den dazugehörigen Wortschatz gesammelt haben.

Vorbereitungsgrundlage für eine Sprechprüfung

DAS KLASSENZIMMER VERLASSEN

54

Es ist Freitagnachmittag und außer Ihnen und dem Parallelkurs sind schon alle im Wochenende? Das ist hart, eröffnet aber auch völlig neue Möglichkeiten, denn endlich gehört die Schule nur Ihnen! Nutzen Sie jetzt alle Räume, an die man vormittags nur schwer herankommt, gehen Sie beispielsweise in den Computerraum, die Aula (Tipp 55) oder auf den Schulhof (Tipp 85).
Wenn Sie eine Doppelstunde zur Verfügung haben, initiieren Sie einen *concurso de poesía* (Poetry Slam) oder einen con-

❱ Tipp 55
❱ Tipp 85
Einen *concurso de poesía* initiieren

curso de sketches: In der ersten Stunde haben Ihre Schüler Zeit, sich alleine oder in Kleingruppen vorzubereiten, z. B. ein Gedicht oder einen Sketch zu schreiben. In der zweiten Stunde geht es dann auf die große Bühne in der Aula, und wie in einem echten Wettstreit dürfen die Mitschüler Punkte vergeben und einen Sieger küren (besonders schön mit Punktekarten wie im Fernsehen, die Sie vorbereiten können, während Ihre Schüler kreativ sind).

Aus Übungsaufgaben eine Rallye machen

Heute ist aber eigentlich eine Wiederholungsstunde zur Vorbereitung auf die Klassenarbeit dran? Dann bereiten Sie aus den Übungsaufgaben eine Rallye vor: Dafür wählen Sie mehrere Aufgaben aus dem Lehrbuch oder Begleitheft aus, die Sie an verschiedenen Orten in der Schule deponieren. Diese Aufgaben bereiten Sie so vor, dass die Schüler bei korrekter Bearbeitung ein Lösungswort erhalten, z. B. indem einzelne Buchstaben aus den verschiedenen Antworten das Lösungswort bilden. Wem das zu umständlich ist, der kann auch einfach die fertige Aufgabe kontrollieren und dann dem jeweiligen Schüler das Lösungswort nennen. Das Lösungswort gibt die nächste Station der Rallye an, z. B. *cafetería*. Dort finden die Schüler dann einen Umschlag mit den nächsten Aufgaben. Auf diese Weise werden sie von Station zu Station geführt, bis sie schließlich die letzte Aufgabe geschafft haben und im Ziel angekommen sind.

Achtung!
Klären Sie ab, welche Regelung es an Ihrer Schule zum Unterricht außerhalb des Klassenraums gibt, und informieren Sie das Sekretariat, wo Sie zu finden sind. Achten Sie insbesondere auch darauf, dass niemand durch Ihre Klasse gestört wird.

IMPROTHEATER FÜR DIE SPRACHARBEIT NUTZEN

55

Viele Fremdsprachenlehrer klagen darüber, dass ihre Schüler Hemmungen haben, sich im Unterricht in der Zielsprache zu äußern. Eine gute Möglichkeit, dem entgegenzuwirken, ist es, Aufwärmübungen aus dem Bereich des Darstellenden Spiels und Aufgaben aus dem Improtheater zu nutzen. Das freie Sprechen können Sie durch erste einfache, noch gelenkte Aufgaben, dann durch immer komplexere und freiere Übungen sukzessive steigern. Alternativ können Sie auch ritualisiert in jeder Stunde eine kommunikative Aufgabe einbauen, z. B. zu Beginn, während Sie etwa die Anwesenheit kontrollieren oder den Computer hochfahren (Tipp 19). Hier ein paar Vorschläge für geeignete Aufgaben, die Ihren Schülern Spaß machen werden:

› Übungen aus dem Darstellenden Spiel und dem Improtheater nutzen

› Tipp 19

- *Asociar con la pelota:* Die Schüler bilden einen Kreis und werfen sich gegenseitig einen Ball zu. Dabei sagt der Werfer ein beliebiges spanisches Wort, beispielsweise *palmera*. Der Fänger muss nun möglichst schnell ein Wort nennen, das er mit diesem assoziiert, vielleicht *playa* oder *nuez de coco*. Da Assoziationen sehr individuell sind, gibt es hier kein richtig oder falsch, sodass diese Übung sich sehr gut für Schüler eignet, die noch große Hemmungen haben, sich frei zu äußern.
- *Paseo comunicativo:* Die Schüler erhalten Kärtchen mit Wörtern oder kurzen Phrasen, müssen im Klassenraum herumgehen und einen Gesprächspartner finden. Mit diesem beginnen sie eine kurze, beliebige Kommunikation, die jedoch einer Regel unterliegt: Das Wort / die Phrase muss eingebracht werden – was natürlich zu absurden Situationen führen kann, wenn z. B. ein Partner unbedingt *intercambio de estudiantes*, der andere jedoch *Cristóbal Colón* unterbringen muss. Haben beide Partner diese Aufgabe erfolgreich gemeistert, können sie die Kommunikation zum Abschluss bringen, die Kärtchen tauschen und einen neuen Partner suchen.
- *La palabra secreta:* Das beste Material ist das, das sich mehrfach ausnutzen lässt (Tipp 79). Nehmen Sie die Kärt-

› Absurde Situationen provozieren

› Tipp 79

> Tipp 43

chen aus dem *paseo comunicativo* in einer der nächsten Stunden für eine Runde *La palabra secreta*, bei der Wörter auf Spanisch erklärt und von den Mitschülern erraten werden müssen (Tipp 43).

- *Primera y última frase:* Auch hier kommen Kärtchen in einem Omniumkontakt zum Einsatz. Allerdings sind diesmal ganze Sätze im Spiel, wobei ein Partner mit seinem Satz die Kommunikation beginnt, während sein Mitspieler diese irgendwie auf seinen Satz, den Schlusssatz, hinführen muss. Beispiel: *¿Qué puedes comprar por tres euros? [...] Gracias a Dios, en Barcelona ya no hay lobos.*

Gleich mal ausprobieren

Geben Sie Ihren Schülern kleine Situationen vor, in denen sie alltägliche Aufgaben lösen sollen, etwa ein Dialog in einer Apotheke oder eine Beschwerde im Hotel. Wenn nun ein Team fertig ist, schicken Sie die einzelnen Mitglieder als „Sidekicks" in bereits bestehende Kommunikationen, um diese neu anzufeuern: Vielleicht kommt ein weiterer Kunde in die Apotheke und will sich vordrängeln oder der Hoteldirektor kommt hinzu und möchte einen Streit schlichten.

Achtung!

> Tipp 45

In einer spontanen Kommunikation werden Ihre Schüler immer mal wieder an sprachliche Grenzen stoßen. Thematisieren Sie daher entsprechende Kommunikationsstrategien wie Umschreibungen, Nutzung von Synonymen/Antonymen und nonverbale Mittel (Tipp 45).

GEZIELT HILFEN ANBIETEN

56

Bauen Sie den Schülern je nach Leistungsstand und Unterrichtsphase Gerüste *(andamiaje)*, die ihnen helfen, die Aufgaben zu bewältigen, und die bei voranschreitenden Kenntnissen sukzessive abgebaut werden. Das könnten sein:

- bei der Lektüre eines Textes zur Schulung des Leseverstehens: Fragen zum Textverständnis,
- beim Schreiben von Texten oder beim Sprechen: Formulierungshilfen, Wortfelder oder Grammatikerläuterungen, z. B. die Bildung des *pretérito indefinido* beim Berichten über vergangene Ferienerlebnisse,
- beim Hören: das Anschreiben von W-Fragen und der Eigennamen,
- bei der Sprachmittlung: Bereitstellung von Vokabular zur Umschreibung/Definition von Wörtern (Tipp 45).

Gerüst *(andamiaje)* bereitstellen

❯ Tipp 45

Die Schüler erhalten entweder eine unterschiedliche Anzahl von Hilfen oder aber Hilfen unterschiedlichen Schwierigkeitsgrades. Auch das Austeilen von Checklisten für bestimmte Textsorten oder die sprachliche Korrektheit gehört zu den Hilfsmitteln, denn diese befähigen zum selbstständigen Umgang mit den Aufgaben. Die zu überprüfenden Punkte verankern sich mit der Zeit im Gehirn, sodass der Blick auf die Listen überflüssig wird.

Checklisten zur Verfügung stellen

Um die Ecke gedacht

Die vorgeschlagenen Hilfen könnten sogar während einer Leistungsmessung herangezogen werden und führen dann je nach Umfang der Inanspruchnahme zu einer geringeren Punktzahl (Tipp 59).

Hilfskarten bei der Leistungsmessung austeilen

❯ Tipp 59

AUFGABEN ÖFFNEN UND SCHLIEßEN

57

Homogene Klassen gibt es nicht, und die Heterogenität wird immer größer. Woher all die differenzierenden Übungen nehmen? Auch wenn Ihr Lehrbuch gar keine oder einfach nicht genug Differenzierung anbietet: Nicht alles müssen Sie selbst erfinden. Viele Aufgaben im Buch lassen sich zu leichteren oder schwierigeren Aufgaben umwandeln. Machen Sie sich dazu zunächst den Aufgabentyp klar: Geschlossene Aufgaben sind Aufgaben, bei denen nur eine Entscheidung zu treffen ist und das zu verwendende Sprachmaterial in

Aufgabentyp klären

der bereits passenden Form vorliegt, z. B. Formate wie *correcto/falso, marcar en el texto, relacionar imagen y palabra, completar cada frase con una de las palabras de la lista, relacionar dos partes de una frase.* Halboffene Aufgaben sind Aufgaben, bei denen das zu verwendende Sprachmaterial in vorgegebenen Strukturen eigenständig anzuwenden ist, z. B. Formate wie *formar frases con estos elementos según el modelo ...* oder *completar las frases siguientes ...* Offene Aufgaben schließlich sind Aufgaben, bei denen der eigenständige Umgang mit dem Sprachmaterial verlangt wird, z. B. Formate wie *formular preguntas sobre el texto, contestar las preguntas, explicar por qué ..., inventar un diálogo.*

Aufgaben modellieren Wenn Sie bestehende Aufgaben öffnen und schließen wollen, so bietet es sich an, die Strukturhilfen (Arbeitsschritte) und die vorgegebenen sprachlichen Hilfen zu variieren und/oder eigenproduktive Anteile hinzuzufügen oder wegzulassen:

- **Einsetzübungen:** Stellen Sie die einzusetzenden Wörter a) hinter den Satz, b) gesammelt über die Übung oder c) nehmen Sie sie ganz weg, und d) lassen Sie eventuell noch weitere Sätze erfinden oder Fragen zum fertigen Text formulieren.
- **Kombinationsübungen,** bei denen aus Elementen in drei Spalten Sätze gebildet werden müssen (z. B. Personalpronomen oder Namen – Verbenauswahl im Infinitiv – Objekte): Sie machen die Übung schwieriger, indem Sie nur zwei Spalten vorgeben und die Schüler sich die dritte selbst überlegen, und leichter, indem Sie die Verben schon in die konjugierte Form setzen oder sogar bereits die fertigen Sätze als ungeordnete Halbsätze geben, die lediglich zugeordnet werden müssen.

Neue Übungen erstellen Neue Übungen können Sie arbeitssparend erstellen, indem Sie das Lehrerhandbuch nutzen und von der fertigen Übung (der Lösung) ausgehen:

- Setzen Sie an unterschiedlichen Stellen (unterschiedlich lange/schwere) Lücken und stellen Sie so z. B. von einer Tandemübung eine A- und eine B-Version her, mit denen sich die Partner zugleich kontrollieren.

- Stellen Sie aus dem Lösungsvorschlag für produktive Übungen, die von den stärkeren Schülern erledigt werden, für die schwächeren Schüler rezeptive Materialien her (z. B. Lückentexte oder Zuordnungsübungen von Text und Bild, wenn es sich um eine Bildbeschreibung handelt).

Auch aus den Lektionstexten lassen sich Übungen erstellen:
- Vom Dialog zum Lesepuzzle: Kopieren Sie einen Lehrbuchdialog, teilen Sie ihn in mehrere Teile und vervielfältigen Sie ihn so, dass Sie genauso viele Textabschnitte wie Schüler haben (Für 24 Schüler also z. B. einen Text in drei Teile teilen und jeden Teil achtmal kopieren). Die Schüler üben nun mit einem Partner ihren Dialogabschnitt. Danach gehen die Paare herum, lesen ihren Text anderen Teams vor und versuchen so, den gesamten Text „zusammenzupuzzeln" und dann gemeinsam einzuüben.
- Vom Lehrbuchtext zum Vokabeltandem: Kopieren Sie den Lehrbuchtext, entfernen Sie mit einem weißen Korrekturstift entweder das neu eingeführte Vokabular oder Schlüsselwörter, mit denen die Schüler später weiterarbeiten sollen. Aufgabe für die Schüler ist es nun, die fehlenden Wörter zu finden und einzusetzen.

Um die Ecke gedacht

Diese Formen der Aufgabenmodellierung bieten den Vorteil, dass bei der Besprechung alle Schüler mitmachen bzw. folgen können, weil alle im Prinzip dasselbe Sprachmaterial verwendet haben.

Gleich mal ausprobieren

An passenden Aufgaben zu Ihrem Lehrwerk haben bestimmt auch Ihre Kollegen ein Interesse! Sammeln Sie doch als Fachschaft in einem Ordner all das, was Sie als Zusatzmaterial zu den einzelnen Lektionen erstellen (**Tipp 8**).

❯ Tipp 8

Mit Kompetenzrastern arbeiten

58

Den Fokus auf die kommunikativen Ziele legen

❯ Tipp 21

Der Kompetenzbegriff ist in den vergangenen Jahren in Folge der Bildungsstandards und des GeR ins Zentrum des Fremdsprachenunterrichts gerückt. Ein geeignetes Instrumentarium für die Schulung der Kompetenzen im Unterricht sind Kompetenzraster, die in unterschiedlichen Phasen mit jeweils unterschiedlichen Funktionen zum Einsatz kommen können. Bei diesen Rastern stehen jeweils die kommunikativen Ziele/ Fähigkeiten im Vordergrund, denen die dafür nötigen sprachlichen Mittel untergeordnet werden. Grammatik ist somit kein „Wert an sich", sondern erfüllt eine dienende Funktion (Tipp 21).

Auszug aus einem Kompetenzraster

Ich kann …	Dafür brauche ich …	Kontrollaufgabe	Lösung	¿correcto?	(bei Bedarf) Übungsaufgaben
mein Zimmer beschreiben	Wortfeld *muebles* Präpositionen ser/estar/ hay	*Describe la habitación de la página 41 del libro: ¿Qué hay y dónde están las cosas?*	En la habitación hay un, al lado del escritorio está la cama …	✓	CdA, p. 24, ej. 1 y 4 Libro, p. 42, ej. 3
…					

Unterrichtsziele transparent machen

❯ Tipp 4

Wenn Sie zu Beginn jeder Unterrichtseinheit ein Kompetenzraster austeilen zu dem, was die Schüler am Ende können sollen, dann machen Sie Ihren Unterricht und die Bewertung transparent (Tipp 4).

Kompetenzraster sind ebenfalls geeignet zur individuellen Vorbereitung auf Klassenarbeiten: Nachdem die Inhalte im Unterricht erarbeitet wurden, erhalten die Schüler die Möglichkeit, anhand des Rasters selbstständig zu überprüfen, in welchen Bereichen sie sich bereits sicher fühlen und wo eventuell noch Übungsbedarf besteht. Dazu sind dann für die verschiedenen Bereiche jeweils Übungsmöglichkeiten im Lehrbuch bzw. *Cuaderno* (oder auch darüber hinaus) angegeben. Es hat sich bewährt, den Schülern etwa eine Woche vor einer Klassenarbeit eine Doppelstunde zur Verfügung zu stellen, in der sie sich mithilfe des Kompetenzrasters individuell vorbereiten können. Da es für die *Cuadernos* in der Regel Lehrerfassungen mit eingetragenen Lösungen gibt und auch die Lösungen der Übungen im Buch in den Lehrerhandreichungen abgedruckt sind, können die Schüler anhand der von Ihnen am Lehrerpult ausgelegten Materialien ihre Ergebnisse selbstständig vergleichen. Das verschafft Ihnen Freiraum, um sich gezielt einzelnen Schülern zuzuwenden, die noch Fragen haben.

Das Kompetenzraster als Instrument zur individuellen Kompetenzüberprüfung und gezielten Wiederholung

Selbstständige Ergebniskontrolle

Aber auch im Anschluss an eine Klassenarbeit können Kompetenzraster zum Einsatz kommen. Die Schüler stellen anhand ihrer Ergebnisse in der Klassenarbeit fest, in welchen Bereichen sie noch Lücken haben, und arbeiten diese mithilfe des Rasters auf. Oftmals sind Themen für die Schüler nämlich im Anschluss an eine Arbeit „abgehakt" und die Defizite bleiben bestehen – dem kann so entgegengewirkt werden (Tipp 72). Auch zu späteren Zeitpunkten ist ein Rückgriff auf zuvor behandelte Kompetenzraster denkbar, wenn gewisse Inhalte erneut in Erinnerung gerufen werden müssen.

Lücken aufarbeiten

❯ Tipp 72

59 In Klassenarbeiten differenzieren

Sicher ist es für Sie selbstverständlich, im Unterricht immer wieder einmal zu differenzieren. Aber in Klassenarbeiten? Hier sind zwei grundsätzliche Modelle üblich:

- **Neigungsdifferenzierung:** Wenn nicht ein bestimmter „Wissensstoff" abgeprüft wird, sondern Kompetenzen wie „ein Zimmer beschreiben" oder „über die Ferien berichten" (Tipp 21), dann kann das an unterschiedlichen Materialien oder mit unterschiedlichen Vorgaben geschehen. Hat der Schüler die Möglichkeit, zu entscheiden, welche Aufgabe / welchen Arbeitsauftrag / welchen Text / welche Bilder/Inhalte etc. er bearbeitet und in welcher Form er das tut, kann er seine individuellen Stärken zeigen.

Neigungsdifferenzierung

❯ Tipp 21

Differenzierung mit Fundamentum und Additum

- **Fundamentum – Additum:** Etwa zwei Drittel der Klassenarbeit bilden das Fundamentum, also Aufgaben, die das grundlegende Niveau betreffen und bei richtiger Bearbeitung zu einer befriedigenden oder ausreichenden Leistung führen, und ca. ein Drittel stellt das Additum dar, das Aufgaben des erhöhten Anforderungsniveaus enthält und für eine „gute" bis „sehr gute" Leistung erfolgreich bearbeitet werden muss.

Mit Hilfsmodellen differenzieren

Darüber hinaus können Sie mit Hilfs- bzw. Anreizmodellen arbeiten.

- **Hilfskarten:** Für anspruchsvolle Aufgaben liegen Hilfskarten bereit, z. B. mit Hinweisen zur Fehlerprophylaxe, Wortschatzhilfen, Tipps zur Bildung von grammatischen Formen oder inhaltlichen Ideen. Bei Nutzung der Hilfskarten werden Punkte für die Aufgabe abgezogen. Ein konkretes Beispiel: Bei einem Lückentext mit 12 Lücken, für den es 12 Punkte gibt, müssen die Schüler entscheiden, ob *indicativo* oder *subjuntivo* der passende Modus ist und wie die richtige Form lautet. Wenn sie die Hilfskarte *subjuntivo* nutzen, auf der die Konjugationsparadigmen stehen, werden ihnen 3 Punkte abgezogen.

- **Joker:** Die Schüler erhalten je einen Joker, der einen bestimmten Punktwert hat und von ihnen individuell an eine Aufgabe geklebt werden kann, bei der sie sich nicht sicher sind, ob sie die volle Punktzahl erreichen werden. Hat z. B. der Joker einen Wert von 2 Punkten und wird an eine Aufgabe geklebt, für die es insgesamt 10 Punkte gibt, von denen der betreffende Schüler aber „nur" 5 Punkte erreicht, so erhält er jetzt dank des Jokers für diese Aufgabe 7 Punkte.

Um die Ecke gedacht

› Tipp 70

Ein Anreizsystem hat einen überaus positiven Effekt auf das (Lern-)Verhalten insbesondere der jüngeren Schüler (Tipp 70). Geben Sie für die erste Klassenarbeit daher den Joker als Vorschuss. Für weitere Arbeiten muss sich die Lerngruppe den Joker aber erst „verdienen". Dafür können

> Sie z. B. am Ende jeder Stunde Bonuspunkte für das Arbeitsverhalten der Lerngruppe auf ein Plakat kleben. Wenn bis zur Klassenarbeit eine bestimmte Anzahl an Punkten erreicht worden ist, erhalten wieder alle einen Joker.

Fördern und fordern

60

Die zunehmende Heterogenität von Lerngruppen stellt Lehrkräfte vor große Herausforderungen. Während einzelne Schüler die neuen Inhalte kaum bewältigen können, fangen andere bereits an sich zu langweilen. Wie können Sie dem Einzelnen dabei gerecht werden? In welchem Rahmen kann es gelingen, Schüler gleichzeitig zu fördern und zu fordern? Führen Sie eine ritualisierte Differenzierungsstunde ein, die Sie einmal im Monat anstelle des regulären Unterrichts durchführen. Inzwischen gibt es zu den meisten Lehrwerken fertig aufbereitetes Fördermaterial, das eine geeignete Grundlage darstellen kann. Ähnlich wie bei den Kompetenzrastern (Tipp 58) erhalten die Schüler in der ersten Differenzierungsstunde einen Laufzettel mit einer Übersicht zu möglichen Vertiefungs- bzw. Übungsthemen. Anhand dieses Zettels wählen die Schüler selbstständig (oder bei Bedarf nach Rücksprache mit der Lehrkraft) für sie geeignetes Material, das sie individuell bearbeiten. Für leistungsstärkere Schüler, die weniger Übungsbedarf haben, bietet es sich an, weiterführende Aufgaben bereitzustellen. So gibt es z. B. zahlreiche Bücher und Hefte, in denen Wortschatz zu bestimmten Themenfeldern schön präsentiert und mit kleinen Übungen versehen wird, sodass die Schüler ihren individuellen Wortschatz weiter ausbauen können. Um diesen zu festigen, können sie beispielsweise kleine kreative Texte verfassen, in denen der neue Wortschatz umgewälzt wird. Auch eine Kiste mit interessanten Zusatzmaterialien könnte zum Einsatz kommen. Oder die Schüler bearbeiten jeder individuell eine Lektüre (Tipp 91).

Heterogenität als besondere Herausforderung

Eine ritualisierte Differenzierungsstunde einführen

Fördermaterial bereitstellen

▶ Tipp 58

Den individuellen Wortschatz ausbauen

▶ Tipp 91

MUTTERSPRACHLER FÖRDERN

61

Ob Austauschschüler, Kinder mit iberischen Wurzeln oder zweisprachig aufwachsende Lerner: Immer wieder werden Sie in Ihren Lerngruppen Schüler haben, die die Sprache schon gut können, sich im Unterricht langweilen und es gewohnt sind, bestenfalls als Sprachassistenten herzuhalten. Doch auch diese Schüler haben ein Anrecht auf sinnvollen Unterricht, von dem sie profitieren können! Stellen Sie dafür zunächst fest, wie diese Förderung aussehen könnte. Oftmals sprechen die Muttersprachler naturgemäß ein gutes Spanisch (aber auch nicht immer, vor allem nicht Schüler mit nur einem spanischsprachigen Elternteil), haben aber Schwächen beim Schreiben oder beim Erfassen von Texten – ähnlich wie ihre deutschen Mitschüler im Deutschunterricht. Hier können Sie sinnvolle Aufgaben formulieren, die die Schüler parallel zum laufenden Unterricht erledigen können:

Muttersprachler vom Unterricht profitieren lassen

Sinnvolle Aufgaben formulieren

Schreibkompetenz fördern

- **Schreibaufgaben:** In den Phasen, in denen sich Ihre Sprachanfänger mit Tandems zu *ser* und *estar* oder den Konjugationen beschäftigen, kann Ihr Muttersprachler beispielsweise einen Text über seine Heimatstadt verfassen, in dem er besonderes Augenmerk auf die Leserführung, die Gliederung oder auch die Rechtschreibung und Akzentsetzung legen soll. Idealerweise können Sie dieses Produkt später als authentischen Text in Ihren Unterricht einbinden und es so auf besondere Weise würdigen.

Leseaufgaben geben

- **Leseaufgaben:** Auch Leseaufgaben eignen sich als Alternativen in den Phasen, in denen ein Muttersprachler unterfordert wäre (also immer dann, wenn es vornehmlich um Sprach- und weniger um Wissenserwerb oder Meinungsaustausch geht). So können Sie beispielsweise weiterführende Texte zum aktuellen Thema bereithalten, an denen Ihr Schüler selbstständig mit einem klar umrissenen Ziel – z. B. eine Präsentation vor der Klasse – arbeitet

❯ Tipp 91

(Tipp 91).

Schüler nicht unterfordern

62

Kennen Sie das? Ein Kollege erzählt Ihnen, was er mit seinen Schülern Tolles erreicht hat, und Sie denken: „Das könnten meine nie!" Doch, wahrscheinlich schon! Im Allgemeinen zeigen Schüler die Leistungen, die Lehrkräfte ihnen abverlangen. Darum ist es wichtig, nicht aus dem Blick zu verlieren, dass die Schüler nur lernen, wenn sie gefordert sind. Allzu kleinschrittige Arbeitsaufträge und Arbeitsblätter, bei denen alles bereits vorgedacht ist und die Schüler nur etwas finden sollen, was die Lehrkraft dort versteckt hat, unterfordern viele Schüler. Das werden sie natürlich nicht sagen, denn wer strengt sich schon gern freiwillig mehr an? Denken Sie also daran, Ihre Schüler immer wieder vor Herausforderungen zu stellen, bei denen die Köpfe rauchen. Das kann ein phasenweise hohes Unterrichtstempo sein (Tipp 34) oder das konsequente Einfordern bereits erlernter Strukturen (Tipp 33). Manchmal werden es Lernaufgaben sein oder kleine Projekte (Tipp 53, 55). Auch „altmodische" Lerntechniken wie das Auswendiglernen (Tipp 50) und lehrerzentrierte Phasen, die Konzentration erfordern, oder ein Unterrichtsgespräch, in dem Sie die Gruppe mit Impulsen fordern (Tipp 31), können die (Denk-)Leistungen der Schüler erhöhen.

Herausfordernde Aufgaben stellen
> Tipp 34
> Tipp 33
> Tipp 53, 55
> Tipp 50

> Tipp 31

Um die Ecke gedacht
Unterforderung ist eine mögliche Ursache für Unterrichtsstörungen. Ein hohes Unterrichtstempo und eine anspruchsvolle Lehrergrundhaltung können dazu beitragen, Disziplinprobleme zu minimieren. Aber natürlich kann auch Überforderung zu Unterrichtsstörungen führen!

Unterforderung als Ursache für Unterrichtsstörungen

Achtung!
Sicher versuchen Sie, möglichst viele Ihrer Schüler „mitzunehmen" und die Lerninhalte so aufzubereiten, dass auch die Schwächeren mitarbeiten und folgen können. Das soll

Cómo diferenciar – Differenzierung

Schüler kognitiv aktivieren

Achtsam mit sich selbst sein

> auch so sein! Verwechseln Sie nur nicht Schüleraktivierung mit Beschäftigung. An einer Folie Ergebnisse eintragen zu lassen, ist z. B. keine schüleraktivierende Maßnahme. Schüleraktivierung meint kognitive Aktivierung!
> Und überfordern Sie sich nicht. Unterricht mit hohem Tempo ist auch für den Lehrer anstrengend. Planen Sie deshalb wenn möglich in Ihren Gruppen an einem Vormittag unterschiedliche Unterrichtsformen ein.

63 SCHÜLER DEN INHALT MITBESTIMMEN LASSEN

Lieblingslieder vorstellen
❯ Tipp 19

Wenn Sie mit Ihren Unterrichtsinhalten an die Lebenswelt der Schüler anknüpfen möchten, dann geben Sie ihnen die Möglichkeit, diese mit auszusuchen!

Musik ist ein dankbares Thema: Die Schüler sind begeistert dabei, wenn es darum geht, ihre Lieblingslieder vorzustellen. Es könnte ein schönes Stundenritual (Tipp 19) am Anfang oder Ende der Stunde sein, etwas zum Interpreten, zum Inhalt und zur Auswahl zu erzählen. Lassen Sie sich den Text des Liedes vorher zuschicken. So können Sie geeignete Übungen auswählen und natürlich die Fehler verbessern, die in den Textversionen im Internet häufig vorkommen. Selbst daraus lässt sich im Übrigen eine Übung gestalten: Das Suchen und Setzen von fehlenden Akzenten, denn diese werden meist vernachlässigt in den Texten, die die Schüler im Netz finden.

Neigungsorientierte Kurzreferate vergeben
❯ Tipp 97

Weitere Themen für derartige Kurzreferate wären: Tiere, Sportarten, Städte, Länder, Persönlichkeiten, Feste, kulturelle Besonderheiten und aktuelle Themen (Tipp 97).

Um die Ecke gedacht
> Nicht nur für kurze Präsentationen ist das Mitbestimmungsrecht motivierend, sondern auch bei der Themenfindung für das Kurshalbjahr, die Lektüre oder den Film.

> Hier sollten die Schüler anhand von Zusammenfassungen oder Kurzüberblicken mit ins Boot geholt werden, um dann abzustimmen.

LEGASTHENIKERN GERECHT WERDEN

64

Das Erlernen einer Fremdsprache stellt für lese- und rechtschreibschwache Schüler eine besonders große Herausforderung dar. Wie können wir als Lehrkräfte sie dabei so gut wie möglich unterstützen?
Folgende Hilfen haben sich bewährt:

- Achten Sie auf eine klare Schriftart (gut geeignet ist Arial, Schriftgröße 12 oder 14).
  Arial als geeignete Schriftart
- Drucken Sie Arbeitsblätter (nicht nur für Klassenarbeiten) möglichst auf gelbem Papier aus, da dann das Schriftbild besonders deutlich zum Vorschein kommt.
- Lesen Sie die Aufgabenstellung(en) noch einmal vor. *Aufgaben vorlesen*
- Bei bestimmten Aufgabenformaten wie einer Überprüfung des Leseverstehens kann der Text für die legasthenen Schüler unter Umständen gekürzt werden. *Textkürzung*
- Außerdem sollten Aufgabenformate wie *sopa de letras* oder Wortschlangen bei Legasthenikern unbedingt vermieden werden. *Bestimmte Aufgabenformate vermeiden*

Bei der Korrektur von Klassenarbeiten stellt sich häufig die Frage, ob ein orthografischer Fehler, der dann nicht in die Bewertung eingeht, oder ein grammatischer Fehler, der voll zu gewichten ist, vorliegt. Durch eine leichte Veränderung der Aufgaben lässt sich dieses Problem oft bereits im Vorfeld umgehen. So kann der Lehrer z. B. bei einer Aufgabe, in deren Kontext die Angleichung der Adjektive überprüft wird, die verschiedenen Varianten zur Wahl angeben, von denen der Schüler dann die richtige unterstreichen soll. Dieses Vorgehen lässt sich natürlich auch auf andere Aufgabentypen übertragen. *Lösungsvarianten angeben*

Um die Ecke gedacht

> Auch wenn orthografische Fehler in Klassenarbeiten und Tests nicht in die Bewertung eingehen, ist eine Berichtigung durch den Schüler im Anschluss dennoch sinnvoll, da sich dadurch das Schriftbild nach und nach besser einschleift. Achten Sie aber unbedingt darauf, dass der Schüler nicht die gesamte Arbeit abschreiben muss, da dies nur Frust hervorrufen würde. Greifen Sie stattdessen einzelne relevante Bereiche heraus, die der Schüler gezielt trainieren soll. Und noch etwas: Vermeiden Sie für Ihre Korrektur den Rotstift!

Achtung!

> Es gibt nicht DEN Legastheniker. Insofern gibt es auch keine goldene Regel, wie alle Legastheniker gleichermaßen sinnvoll unterstützt werden können. Suchen Sie daher unbedingt immer das Einzelgespräch, um in Erfahrung zu bringen, was für den jeweiligen Schüler eine tatsächliche Hilfe darstellt.

BELOHNUNGSSYSTEME EINFÜHREN

65

Neigen wir nicht alle dazu, eher unaufmerksame oder unpünktliche Schüler zu „bestrafen" als gut aufpassende, mitarbeitende, helfende oder sozial engagierte zu belohnen? Wie wäre es daher damit, ein Belohnungssystem ins Leben zu rufen? Eine grüne laminierte Karte mit dem Daumen nach oben gerichtet *(Así se hace.)* oder ein Smiley könnten nach der Stunde demjenigen Schüler zuteilwerden, der sich am meisten beteiligt oder angestrengt bzw. durch Hilfsbereitschaft hervorgetan hat. Hat ein Schüler die Karte dreimal erhalten, bekommt er eine Belohnung, so z. B. einen Gutschein zum Ausgleich für eine vergessene Hausaufgabe oder eine Jokerkarte für den Vokabeltest bzw. die Klassenarbeit

❯ Tipp 59 (Tipp 59).

Um die Ecke gedacht

Umgekehrt könnte auch eine rote Karte mit dem Daumen nach unten *(Así no se hace.)* eingesetzt werden, um unerwünschtes Verhalten im Unterricht anzuzeigen und zu ahnden.

FEEDBACK GEBEN

66

Jeder weiß: Damit die Schüler in ihrem Lernprozess vorankommen, brauchen sie Feedback (Tipp 67). Feedback hat sich zu einer Art Zauberwort entwickelt. Zugleich ist das Feedbackgeben eine schwierige Aufgabe. Folgende Checkliste kann helfen:

▸ Tipp 67

Checkliste für gutes Feedback

- Überlegen Sie, ob das, was Sie sagen, sich auf das Verhalten oder auf den Lernprozess des Schülers bezieht. Gutes Feedback nimmt das Lernen in den Blick.
- Orientieren Sie Ihr Feedback an Kriterien, die Sie vorher angesagt haben (z. B. die Bestandteile, die ein Text / ein Gespräch aufweisen soll) (Tipp 58). Gutes Feedback ist transparent.

▸ Tipp 58

- Scheuen Sie sich nicht, offen Kritik zu üben. Selbstverständlich loben wir lieber und hören auch lieber Lob. Aber Schüler untereinander sind sensibel: Wenn Ihr Feedback nicht entsprechend der unterschiedlichen Leistungen der Schüler differenziert ist, relativiert es sich insgesamt (Tipp 33). Gutes Feedback ist gerecht.

▸ Tipp 33

- Unterscheiden Sie zwischen Feedback und Bewertung. Bewertung ist eine punktuelle Rückmeldung zum Leistungsstand, wie die Diagnose beim Arzt. Gutes Feedback gibt Hinweise zur Weiterentwicklung, wie eine Therapieempfehlung beim Arzt.

Und wie soll Feedback nun gehen? Sie können drei Ebenen ansprechen.

Feedbackdimensionen

- Sie teilen mit, ob eine Aufgabe richtig oder falsch gelöst ist: *Este es un buen título. Pero en la explicación no te refieres al texto.*

- Sie kommentieren, ob die Lernstrategie richtig ist oder ob möglicherweise eine zielführendere Strategie angewendet werden muss: *Presentar el diálogo no significa leer el texto en voz alta. La próxima vez, subraya las palabras importantes, fíjate en ellas y mira a los oyentes.*
- Sie weisen auf Lernstrategien hin, die der Schüler schon kennt: *El otro día hablamos sobre las "gafas subjuntivas". ¿Y si piensas en ellas para corregir tu texto?*

Achtung!

> Feedback geben ist anspruchsvoll. Mitschüler können das nur eingeschränkt leisten. Was – also welchen Lerneffekt – hat ein Schüler davon, wenn ein anderer ihm sagt: „Ich fand deinen Text gut"? Wenn Sie also Mitschüler Feedback geben lassen, dann muss das kriterienorientiert und gut vorbereitet erfolgen, damit es nicht oberflächlich bleibt!

Die Schüler den Unterricht evaluieren lassen

Gleich mal ausprobieren

> Im Sinne einer Feedback-Kultur sollten nicht nur Sie den Schülern Feedback geben, sondern diese auch Ihnen (Tipp 78).

❯ Tipp 78

Regelmässig die Mitarbeit einschätzen

67

Die positive Wirkung eines individuellen Feedbacks nutzen

Detective secreto: gezieltes Beobachten einzelner Schüler

❯ Tipp 66

Spätestens seit der Hattie-Studie ist klar, dass sich ein individuelles Feedback sehr positiv auf die Lernentwicklung eines Schülers auswirkt. Nutzen Sie diese Erkenntnis für Ihren Unterricht: Ziehen Sie zu Beginn jeder Stunde aus einem Umschlag zwei bis drei Schülernamen, ohne diese jedoch bekanntzugeben. Bei jüngeren Schülern können Sie spielerisch vorgehen, indem Sie einen imaginierten *detective secreto* einführen. Im Laufe der Stunde beobachten Sie diese Schüler dann gezielt und führen am Ende ein kurzes kriterienorientiertes Feedbackgespräch (Tipp 66) mit ihnen, sodass Eigen- und Fremdwahrnehmung regelmäßig abgeglichen werden. Die Schüler erhalten somit eine unmittelbare und daher für sie sehr gut nachvollziehbare Rückmeldung über ihre Mitarbeit.

Schüler an der Konzeption und Bewertung von Tests beteiligen

Um die Ecke gedacht

> Die positive Verstärkung hat einen großen Einfluss auf die Lernentwicklung. Loben Sie daher auch zwischendurch immer wieder kleine Entwicklungsschritte (ein sonst eher unruhiger Schüler arbeitet in einer Phase bzw. Stunde konzentriert mit, ein zurückhaltender Schüler liest seine Arbeitsergebnisse vor usw.). Dies kann mitunter ganz nebenbei im Herausgehen nach dem Unterricht oder auch schon während einer Arbeitsphase im Unterricht erfolgen. Dennoch wird die Rückmeldung sicherlich nachwirken!

Individuelle Feedbackgespräche / Abgleich von Selbst- und Fremdwahrnehmung

Vokabeltests ökonomisch gestalten

68

Wenn Sie regelmäßig Vokabeltests schreiben, aber nicht die ganze Arbeit allein machen wollen, beteiligen Sie die Schüler an der Konzeption und Bewertung:
Teilen Sie eine Liste aus, in die sich die Schüler zu zweit (je nach Gruppengröße ggf. mehrfach) über die Wochen im Schuljahr verteilt eintragen. Die einfachste Variante der Überprüfung ist, dass zu Beginn einer Unterrichtsstunde zwei Schüler an die Tafel kommen und die Testentwickler nacheinander die verschiedenen Items (7–10) nennen, die die beiden Schüler vorn an die Tafel schreiben (jeweils auf der linken und rechten Seite verdeckt), während der Rest der Klasse sie in ihren Heften notiert. Im Anschluss daran übernehmen die Testentwickler auch die Besprechung unter Einbezug der Tafellösungen. Um ein schnelles Korrigieren zu ermöglichen, tauschen die Mitschüler untereinander die Hefte. Bei 7 Items ergeben sich folgende Noten:

Erreichte Punktzahl	Note
7	1
6	2
5	3
4	4
3/2	5
1/0	6

Alternative Aufgabenformate
› Tipp 26

Eine etwas aufwendigere Variante ist es, von den Schülern kleine schriftliche Überprüfungen entwickeln zu lassen, die jeweils in der Vorstunde beim Lehrer abgegeben werden. Dafür ist es hilfreich, die Schüler im Vorfeld mit verschiedenen Alternativen des Abfragens vertraut zu machen, z. B. Arbeit mit Antonymen, Definitionen, Bildern, Wortfeldern (Tipp 26).

Gleich mal ausprobieren

Wenn Sie regelmäßig Tests schreiben lassen, können Sie den Schülern einen „Joker" zugestehen: Sie dürfen einen ihrer geschriebenen Tests pro Halbjahr streichen. Auf diese Weise verringert sich der Druck – und Sie selbst haben dennoch eine ausreichend große Bewertungsgrundlage.

PROBEARBEITEN KONZIPIEREN LASSEN

69

Sicherheit durch Wiedererkennung

Wenn die Schüler vor der Klassenarbeit üben und wiederholen sollen, schlagen Sie zwei Fliegen mit einer Klappe, wenn Sie eine Probearbeit erstellen lassen. Probearbeiten, die sich in Struktur und Inhalt stark an der Originalarbeit orientieren, sind für Schüler ungemein beruhigend. Der Wiedererkennungseffekt sorgt in der Prüfungssituation für ein Gefühl von Sicherheit. Konzipieren Sie die Probearbeit zur ersten Klassenarbeit selbst. Für alle folgenden Klassenarbeiten können das dann die Schüler schrittweise übernehmen. Teilen Sie ihnen dazu ein Kompetenzraster aus, auf dem vermerkt ist, was in der Klassenarbeit gekonnt werden soll, und das auf die entsprechenden Übungen im Buch und im Übungsheft verweist (Tipp 58). Die Schüler haben dann die Aufgabe, selbst gruppenteilig weitere Übungen samt Lösungen zu den verschiedenen Bereichen des Kompetenzrasters zu entwickeln (Tipp 47). Dabei setzen sie sich intensiv mit dem Lernstoff auseinander. Aus den entstandenen Übungen stellen Sie dann eine Probearbeit zusammen, die (eventuell als Hausaufgabe) geschrieben und gemeinsam besprochen wird. Wenn die Schüler mit dem Erstellen von Übungen vertraut sind, können sie auf der Basis des Kompetenzrasters auch ganze Probearbeiten selbst entwerfen. Diese werden dann untereinander ausgetauscht, bearbeitet, zurückgetauscht und korrigiert. Unter jede Arbeit schreibt der Autor bzw. Korrektor eine Rückmeldung in den beiden Kategorien: „Das kannst du schon gut: ..." und „Mein Lerntipp für dich: ..."

▶ Tipp 58

▶ Tipp 47
Hoher Übungseffekt

Achtung!
Überprüfen Sie immer die Übungen der Schüler, bevor andere Schüler sie bearbeiten! Andernfalls können sich Fehler verfestigen.

SPICKZETTEL SCHREIBEN LASSEN

70

Wenn Sie möchten, dass die Schüler ihr Lernverhalten für die Klassenarbeit optimieren, nutzen Sie den Reiz des Verbotenen! Lassen Sie die Schüler einen Spickzettel schreiben, den sie tatsächlich in der Arbeit benutzen dürfen. Teilen Sie dazu in der vorletzten Stunde vor der Klassenarbeit einen kleinen Klebezettel aus und geben Sie die Hausaufgabe, darauf einen Spickzettel für die Arbeit anzulegen und ihn mit dem eigenen Namen zu versehen. Dann sammeln Sie die Spickzettel in der nächsten Stunde ein und kontrollieren sie bis zur Klassenarbeit, denn Bedingung ist: Nur wer diese Hausaufgabe gemacht

> Tipp 58

hat und nur wer das auf dem ausgeteilten Etikett getan hat, darf den Spickzettel auch verwenden! Über die Größe des Aufklebers steuern Sie die Menge dessen, was notiert werden kann. Ansonsten sind die Schüler frei, zu überlegen, was ihnen helfen könnte. Auf diese Weise beschäftigen sie sich sehr intensiv mit dem aktuellen Lernstoff (Tipp 58). Niemand wird sich die Möglichkeit entgehen lassen, einen Spickzettel zu benutzen! Bei der Klassenarbeit bekommt dann jeder seinen Spickzettel und klebt ihn auf seine Arbeit. Und nach der Rückgabe der Klassenarbeit besteht ein Teil der Berichtigung darin, den Nutzwert des Spickzettels zu analysieren und daraus Konsequenzen für das nächste Mal zu ziehen.

Um die Ecke gedacht

Differenzierung

Mit dem Auftrag, einen persönlichen Spickzettel zu schreiben, haben Sie eine individualisierende Aufgabe gestellt und fördern die Selbst- und Methodenkompetenz.

Achtung!

Sie sollten den Spickzettel nicht gleich für die allererste Spanischarbeit einführen, sondern ihn als Bonbon in der Hinterhand haben, wenn die Heterogenität Ihrer Lerngruppe wächst.

ARBEITEN BESPRECHEN

71

Hand aufs Herz: Wie lange sitzen Sie an den Korrekturen einer Klassenarbeit oder Klausur? Dieser sicherlich hohe Zeitaufwand verpufft, wenn die Schüler nur einen Blick auf die Endnote werfen und das Heft dann in der Tasche verschwinden lassen. Wichtig für die Therapie, die auf Ihre Diagnose folgen sollte, ist aber gerade die aktive Auseinandersetzung mit den Fehlern. Für die Besprechung der Arbeit gibt es mehrere Vorgehensweisen:

Strukturierte Aufgaben direkt nach der Arbeit besprechen

Eine Arbeit mit vielen Aufgaben zu sprachlichen Mitteln können Sie gleich in der nächsten Stunde besprechen, ohne die Arbeit vorher zurückgegeben zu haben. Das hat den Vorteil, dass die Erinnerung an das Lösen der Aufgaben noch frisch ist und die Schüler so der Besprechung besonders interessiert folgen. Bei der Rückgabe der Arbeit gehen Sie dann nur noch auf die Dinge ein, die Ihnen bei der Korrektur besonders aufgefallen sind.

Eine Textproduktion ist natürlich individueller und kann erst besprochen werden, wenn Sie die Arbeit durchgesehen haben.

Oft lohnt es sich, aus verschiedenen Schülerbeiträgen eine Beispiellösung zusammenzustellen. Alternativ schreiben Sie einen Erwartungshorizont mit den wichtigsten Stichwörtern. In beiden Fällen bekommen die Schüler die Aufgabe, ihre persönliche Lösung mit der Musterlösung zu vergleichen und zu notieren, was bei ihnen fehlte.

> Eine Beispiellösung aus Schülerbeiträgen zusammenstellen

Hilfreich ist es auch, sich schon während der Korrektur Notizen zu machen, z. B. zu Fehlerklassikern wie *una otra amiga* oder *No creo que es una buena idea*. Daraus kann ein Fehlertext entstehen, in dem Sie die häufigsten Fehler, auf die Sie gerne eingehen möchten, verarbeiten und sie Ihre Schüler korrigieren lassen (Tipp 73). Sie können als Hilfestellung am Rand vermerken, wie viele Fehler und welche Fehlertypen sich in jeder Zeile verbergen (und so auch *en passant* die von Ihnen verwendeten Korrekturkürzel einführen).

> Während der Korrektur Notizen machen

> ▶ Tipp 73

Gleich mal ausprobieren

Ihre Schüler werden es besonders amüsant finden, wenn Sie ein Korrekturpapier mit verschiedenen Rubriken erstellen und für die Besprechung nutzen: Mit einem Fehlertext, einem *best of* der verwegensten Formulierungen, einer Rubrik „bloß nicht!" und vor allem auch einem Abschnitt, in dem besonders gelungene Formulierungen gewürdigt werden.

SOS-TIPP

Kommen die Schüler nach der Rückgabe von Textproduktionen in der Oberstufe zu Ihnen und wollen um die Inhaltsnote feilschen? Dann liegt das vielleicht daran, dass

> Sie für die inhaltlichen Details Rohpunkte geben. Oftmals glauben die Schüler nämlich, dass das reine Nennen der Aspekte aus Ihrem Erwartungshorizont die volle Punktzahl rechtfertige. Sie vermeiden diese unangenehme Situation, wenn Sie stattdessen unter jede Teilaufgabe einen Satz mit einer verbalisierten Note schreiben, die sich auf die gestellte Aufgabe und ihre Operatoren bezieht, z. B.: *Mencionas tres aspectos, pero solo uno es correcto; faltan las explicaciones: deficiente.* Auf dieser Grundlage können Sie später überzeugend argumentieren und brauchen nicht über das Vorhandensein oder Fehlen eines Einzelaspektes zu streiten.

BERICHTIGUNGEN SINNVOLL GESTALTEN

72

Die Klassenarbeit ist zurückgegeben und besprochen. Nun sollen die Schüler eine Berichtigung anfertigen. Doch vor allem diejenigen, die von ihrer Leistung enttäuscht sind, werden an dieser Stelle wenig motiviert sein, sich noch einmal mit ihrer Arbeit zu beschäftigen. Dennoch ist aber die Auseinandersetzung mit den eigenen Fehlern ein wichtiger Schritt in Richtung Verbesserung. Dabei gilt:

Sich mit Fehlern auseinandersetzen

Die eigene Arbeit kritisch analysieren

- Halten Sie Ihre Schüler dazu an, die eigene Arbeit kritisch zu analysieren und dabei Stärken und Schwächen aufzulisten. Ihre Randbemerkungen können da eine wichtige Hilfe sein und sie werden auf diese Weise von den Schülern auch mehr beachtet.
- Jüngere Lerner, die in der Evaluation noch nicht geübt sind, können mit einem vorgefertigten Kompetenzraster, das die Anforderungen der Arbeit widerspiegelt, unterstützt werden (Tipp 58). Wenn Sie den Aufwand des Materialerstellens gering halten wollen, nutzen Sie ein entsprechendes Raster bereits zur Vorbereitung auf die Arbeit und lassen es von den Schülern für die Evaluation wiederverwenden (Tipp 79).

❯ Tipp 58

❯ Tipp 79

- Aus einer erfolgreichen Analyse kann sich ein individueller Auftrag zur Berichtigung ergeben: Beispielsweise können Fehler nicht nach Aufgaben, sondern nach Kategorien sortiert berichtigt werden, also z. B. alle Tempusfehler zusammen. So werden Automatismen unterbrochen und der Fokus wird intensiver auf das sprachliche Phänomen gelenkt.   Individuelle Berichtigungen anfertigen lassen
- Statt wie gewohnt jeden Fehler zu berichtigen, ist es auch denkbar, dass die Schüler sich nur mit einem oder zwei Fehlerschwerpunkten befassen und diese unabhängig von den konkreten Fehlern in der Arbeit mithilfe der Grammatik oder den Aufzeichnungen im Unterricht aufarbeiten. Der Auftrag könnte lauten, einen kleinen Vortrag für die Klasse mit einer anschließenden Übungsaufgabe vorzubereiten (Tipp 47).   ❯ Tipp 47
- Erstellen Sie ein Fehlerpapier. Die Korrektur der darin eingebauten Fehler kann die eigene Berichtigung ersetzen (Tipp 73, 74).   ❯ Tipp 73, 74

Achtung!
Vergessen Sie nicht, erledigte Berichtigungen zu überprüfen und zu würdigen.

Gleich mal ausprobieren
Stellen Sie Ihren Schüler in Aussicht, dass sie für eine gelungene Berichtigung eine gute Note bekommen (bzw. einen „Plus-Vermerk"). Wenn Ihre Schüler so die Möglichkeit haben, sich nach einer vielleicht enttäuschenden schriftlichen Leistung gleich wieder eine gute Note zu erarbeiten, erhöht das die Motivation.

Mit einem Fehlerpapier arbeiten

73

Ein Fehlerpapier erstellen

Wenn Sie eine Textproduktion zurückgeben, erstellen Sie ein Fehlerpapier, das Sie für die sprachliche Weiterarbeit anstelle einer Berichtigung nutzen.

Bereits bei der Korrektur werden Sie feststellen, dass bestimmte Fehlertypen wiederholt auftauchen. Wählen Sie aus den verschiedenen Schülerarbeiten typische Beispiele aus und tragen Sie sie auf einem Blatt zusammen. Diese Beispiele können Sie dann im Unterricht einsetzen, indem Sie die Schüler selbstständig nach den Fehlern suchen und die Sätze korrigieren lassen. Daraus ergibt sich die Möglichkeit, relevante Inhalte (Verwendung von *ser/estar/hay*, Gebrauch des *subjuntivo* etc.) bei Bedarf noch einmal systematisch zu wiederholen. Ist das Fehlerpapier geschickt angelegt (ähnliche Fehler kommen mehrfach in Abständen vor), wird es so sein, dass die Schüler beim ersten Auftreten eines Fehlertyps vielleicht noch Schwierigkeiten haben, diesen zu erkennen, ihn beim nächsten Beispiel fünf Sätze weiter jedoch bereits selbstständig berichtigen können. Dadurch festigen sich bestimmte Inhalte nach und nach. Durch das Zusammenstellen der Sätze aus mehreren Arbeiten wird zudem eine eventuelle Bloßstellung einzelner Schüler vermieden.

Korrektur durch die Schüler

Bei Bedarf systematisches Wiederholen bestimmter Inhalte

Zusätzlich kann es unter Umständen – gerade bei jüngeren Schülern – motivierend sein, die Korrekturarbeit in Form eines Wettbewerbs zu gestalten: Wer findet die meisten Fehler? Auch eine Korrektur in Form eines Korrekturkarussells ist möglich: Jeder Schüler hat zunächst eine Kopie des Fehlerpapiers vor sich und sucht sich in einer festgelegten Zeit (z. B. 45 Sekunden) einen beliebigen Satz aus, den er berichtigt. Nach Ablauf der Zeit reicht jeder Schüler sein Blatt in einer zuvor festgelegten Reihenfolge an einen Mitschüler weiter, und das Vorgehen wiederholt sich so oft, wie Sätze vorhanden sind. Bedingung ist, dass sich die Schüler jeweils neue Sätze vornehmen. Bei Unsicherheiten haben sie jedoch die Möglichkeit, sich zwischendurch anhand bereits vorhandener Korrekturen eine Orientierung zu verschaffen und diese Korrekturen anschließend zu übernehmen. Am Ende

Wettbewerb: Wer findet die meisten Fehler?

Korrekturkarussell

sollte dann allerdings noch eine Abschlusskorrektur erfolgen, um zu vermeiden, dass sich unter Umständen falsche Ergebnisse unter den Lösungen befinden.

Achtung!
> Lassen Sie beim Erstellen eines Fehlerpapiers jeweils nur einen Fehler pro Satz stehen! So vermeiden Sie, dass die Schüler anfangen, übereifrig auch Richtiges zu verbessern.

74 INDIVIDUELLE FEHLERPROTOKOLLE ANLEGEN

Langfristiges Ziel des Fremdsprachenunterrichts ist es, ein immer höheres Maß an Sicherheit im Umgang mit der zu erlernenden Sprache zu erreichen. Wie können die Schüler in diesem Prozess unterstützt werden, sodass es ihnen gelingt, Fehler nach und nach systematisch zu verringern? Eine effektive Methode ist das Anlegen eines individuellen Fehlerprotokolls. Lassen Sie die Schüler nach einer Klassenarbeit oder einer korrigierten Textproduktion eine Übersicht anlegen über die typischen Fehler, die ihnen unterlaufen sind. Wenn sie sich auf diese Weise bewusst machen, für welche Fehler sie besonders anfällig sind, und sich bei Bedarf die dazugehörenden Regeln noch einmal genau ansehen, können sie bei zukünftigen Textproduktionen den Fokus auf diese Fehler richten, um sie nunmehr zu vermeiden. Für die Übungsphasen ist es ratsam, dass sich die Schüler zunächst einen individuellen „Spicker" anlegen (Tipp 70), mit dessen Hilfe sie die geschriebenen Texte noch einmal systematisch durchgehen.

Systematische Analyse der eigenen Fehler

❯ Tipp 70
Einen „Spicker" als Erinnerungsstütze anlegen

Um die Ecke gedacht
> Um den Blick für bestimmte Fehlertypen zu schulen, bieten sich Schreibkonferenzen an, bei denen in Kleingruppen Texte reihum von Schülern Korrektur gelesen werden, wobei jeder einen anderen Aspekt in den Blick nimmt (z. B.

> *concordancia, ser/estar/hay, subjuntivo, ortografía/acentos)*. Durch den unterschiedlichen Komplexitätsgrad der zu untersuchenden Aspekte kann gleichzeitig differenziert werden. Leistungsstarke Schüler können sich z. B. den Stil/Ausdruck vornehmen und sich besonders auf Konnektoren konzentrieren.

REZEPTIVE TEILKOMPETENZEN BEWERTEN

75

Validität der Aufgaben

Die rezeptive Leistung bei Lese- und Hörverstehen

Geeignete Aufgabenformate

Schlüsselbegriffe für eine Leistungsüberprüfung sind Reliabilität, Validität und Objektivität. Hinsichtlich der Validität muss gesichert sein, dass eine Aufgabe wirklich das misst, was sie zu messen vorgibt. Wenn der Lehrer also z. B. eine Aufgabe zum Lese- oder Hörverstehen stellt, darf tatsächlich nur die rezeptive Leistung bewertet werden und nicht etwa die Sprachproduktion. Ungeeignet ist daher ein Format, bei dem Fragen zum Text gestellt werden, die die Schüler auf Spanisch beantworten sollen – alternativ müssten in diesem Fall sprachliche Fehler unberücksichtigt bleiben.

Wie können hingegen geeignete Aufgabenformate aussehen, in denen tatsächlich ausschließlich die rezeptive Leistung bewertet wird? Hier ist das Vorgeben von Aussagen beliebt, die von den Schülern auf ihren Wahrheitsgehalt *(correcto/falso)* überprüft werden, mitunter ergänzt um die Kategorie *no está en el texto*. Darüber hinaus können die Schüler auf die entsprechenden Zeilen verweisen, in denen sich bestimmte Textinformationen befinden. Eine weitere Variante ist das Ordnen oder Auswählen von Bildern und Fotos, die dem Gehörten bzw. Gelesenen entsprechen. Prinzipiell sind im Rahmen der Überprüfung des Hör- und Leseverstehens auch deutsche Antworten denkbar.

Sprechprüfungen organisieren

76

Elternbrief schreiben

Checkliste an Schüler austeilen

Wenn Sie Klassenarbeiten durch Sprechprüfungen ersetzen, ist es wichtig, langfristig zu planen. Denken Sie am Schuljahresanfang daran, in der Fachkonferenz die Prüfungsmodalitäten abzustimmen, die Eltern eventuell mit einem Elternbrief zu informieren und die Schüler mit Informationen zur Prüfung und einer Checkliste zur thematischen und sprachlichen Vorbereitung zu versorgen. Der Prüfungstag wird lange im Voraus mit Rücksicht auf andere Termine sowie die Bus- oder Bahnfahrzeiten festgelegt und im schulischen Terminkalender eingetragen. Drei bis vier Wochen vor der Prüfung geben Sie die Prüfungstermine durch einen Aushang im Klassen- und Lehrerzimmer bekannt, reservieren die Räume und organisieren den Zweitprüfer und die Aufsicht. Dann geben Sie den Schülern die Paar- bzw. Gruppenkonstellationen und die Themenbereiche bekannt, beginnen die Vorbereitung der Prüfung und der Bewertungsbögen und erstellen die Zeitpläne. Außerdem sollten Sie an die Medien wie eine große Uhr für die Schüler und an das Schild „Sprechprüfung! Bitte nicht stören." denken.

Gleich mal ausprobieren

Vergessen Sie nicht, Ihre Bilder und Rollenkarten zu laminieren. Verwenden Sie dabei möglichst unterschiedlich farbiges Papier für die verschiedenen Themenbereiche, sodass deutlich sichtbar ist, welche Partnerkarten zusammengehören. Die Farben erleichtern es Ihnen zudem, schnell zu erkennen, ob Sie das gesamte Themenspektrum bei der spontanen Zuteilung ausschöpfen.

Achtung!

Häufig variiert die sprachliche Kompetenz der Schüler innerhalb der Sprechprüfung von Aufgabe zu Aufgabe (Monolog vs. Dialog). Wenn Ihr Bewertungsbogen das nicht abbildet, können Sie dies entweder im Kommentarfeld vermerken oder die Bereiche doch getrennt bewerten und sie dann in einer Gesamtnote zusammenführen.

Leistungen übersichtlich dokumentieren

77

Pro Schüler ein DIN-A4-Blatt zur Dokumentation der Leistung anlegen

Kennen Sie das: Der Lehrerkalender oder Ihre eigenen Listen bieten nicht genug Platz für alle Beobachtungen, Ergebnisse von schriftlichen und/oder mündlichen Unterrichtsbeiträgen sowie Klassenarbeiten, dem Umgang mit Material, der Arbeitsorganisation, dem Sozialverhalten usw.? Nehmen Sie am Anfang des Schuljahres für jeden Ihrer Schüler ein DIN-A4-Blatt, das Sie in die oben genannten Rubriken unterteilen. Dann können Sie noch Unterkategorien dazusetzen, so z. B. bei den mündlichen Unterrichtsbeiträgen: Beiträge zum Unterrichtsgespräch, mündliche Überprüfungen, Rollenspiele, Kurzvorträge, Beiträge zu / Ergebnisse von Partner- oder Gruppenarbeiten. Auf diesem Blatt tragen Sie dann übersichtlich alles zu dem jeweiligen Schüler ein. So haben Sie pro Klasse einen Hefter, in dem Sie nicht nur die Sachkompetenz, sondern auch die Methoden-, Selbst- und Sozialkompetenz Ihrer Schüler dokumentieren.

Um die Ecke gedacht

Zwei Schüler pro Stunde nach dem Zufallsprinzip beobachten
❯ Tipp 67

Auch wenn Sie Ihren Schülern nach dem Prinzip der Zufallsbeobachtung regelmäßig Rückmeldung zu ihrer Mitarbeit geben möchten (Tipp 67), ist so ein DIN-A4-Blatt sehr zweckmäßig. Schreiben Sie dafür das Datum auf die Rückseite und notieren Sie sich in Stichworten, welche Rückmeldung Sie dem Schüler gegeben haben. So behalten Sie auch den Überblick darüber, mit welchen Schülern Sie schon ein Feedbackgespräch geführt haben und welche Sie noch gezielt beobachten müssen.

Gleich mal ausprobieren

Grundlage für die Bekanntgabe des Leistungsstandes und für den Vergleich mit der Selbsteinschätzung der Schüler

Dieses Blatt ist gleichzeitig Ihre Grundlage für die Bekanntgabe des Notenstandes und kann, falls Sie bereit sind, es herauszugeben, zum Vergleich mit der Selbsteinschätzung der Schüler genutzt werden. Es liegen dann alle Informationen schwarz auf weiß vor, und Sie vermeiden durch die Transparenz Konfliktgespräche.

DEN EIGENEN UNTERRICHT BEWERTEN LASSEN

78

Als Lehrer sind Sie im Allgemeinen Einzelkämpfer im Klassenzimmer. Holen Sie sich daher regelmäßig Rückmeldungen von Ihren Schülern über Ihren Unterricht. Das Feedback wird Ihnen Sicherheit geben, Sie motivieren, aber vielleicht auch Probleme aufzeigen, die Ihnen vorher gar nicht bewusst waren (Tipp 66).

❯ Tipp 66

Hier ein paar Ideen für ein schnelles und effektives Feedback, das wenig Unterrichtszeit kostet:

- **Punktabfrage:** Diese Methode eignet sich besonders, wenn Sie eine schnelle, anonyme und plakative Rückmeldung Ihrer Klasse haben möchten. An der Tafel oder auf einem Plakat notieren Sie Ihre Frage, z. B. „Wie gefällt dir unsere Lektüre?", und zeichnen darunter eine Skala mit den Werten von 1 bis 10. Jeder Schüler erhält nun einen Klebepunkt oder darf mit einem Kreidestrich seine Zufriedenheit in der Skala anzeichnen, wobei 1 für *überhaupt nicht zufrieden* und 10 für *absolut zufrieden* steht (Tipp 31).
- **Koordinatensystem:** Statt einer Skala zeichnen Sie ein Koordinatensystem. Die y- und die x-Achse stehen nun für je eine Frage, z. B.: „Wie gefällt dir unsere Lektüre?" und „Wie gefallen dir unsere Arbeitsmethoden?". Ein Schüler, der die Lektüre toll findet, aber die Methoden, mit der sie aufgearbeitet wird, nicht besonders mag, wird also beispielsweise seinen Punkt im oberen Bereich der y-Achse setzen, aber im linken Bereich der x-Achse.
- **Zielscheibe:** Bei mehr als zwei Fragen nutzen Sie eine Zielscheibe, die Sie in mehrere „Tortenstücke" unterteilen. Den Tortenstücken werden Fragen zugeordnet, und wieder dürfen die Schüler Punkte setzen, dieses Mal aber in jedem Teilbereich (also zu jeder Frage) einen. Dabei gilt: Je positiver eine Frage bewertet wird, desto näher landet die Markierung in der Mitte der Zielscheibe. Je mehr Schüler ihre Punkte setzen, desto plakativer wird das Bild für die ganze Klasse und kann sofort als Gesprächsimpuls dienen.
- **Fünf-Finger-Abfrage:** Diese gelenkte Evaluationsmethode mögen vor allem jüngere Schüler. Teilen Sie leere DIN-

Sieben Methoden für schnelles Feedback

❯ Tipp 31

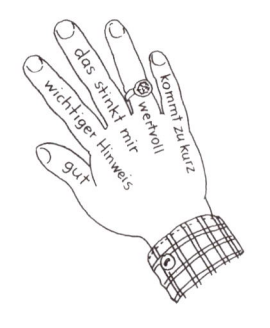

A4-Blätter aus und fordern Sie Ihre Schüler auf, den Umriss ihrer Hand darauf zu zeichnen. Dann sollen sie in jeden Finger eine bestimmte Rückmeldung schreiben: Der Daumen benennt etwas Gutes, der Zeigefinger weist auf etwas hin, der Mittelfinger nennt etwas Schlechtes, der Ringfinger etwas, das am Unterricht besonders wertvoll/erhaltenswert ist und im kleinen Finger schließlich wird niedergeschrieben, was im Unterricht zu kurz kommt.

- **Aussagen beenden:** Die Lehrkraft gibt Satzanfänge vor, die Schüler beenden die Sätze. Beispiele: „Gut gefallen hat mir heute ...", „Nicht ganz verstanden habe ich heute ...", „Ich hätte mir gewünscht, dass ...".
- **Daumenprobe:** Die Schüler beantworten eine Rückmeldefrage der Lehrkraft mit der Daumenposition „hoch", „waagerecht" oder „runter".
- **Ampel:** Die Lehrkraft bringt einen roten, einen gelben und einen grünen Punkt im Klassenzimmer an. Dann stellt sie Fragen zu Verlauf und Ergebnis der Stunde und die Schüler positionieren sich.

Gleich mal ausprobieren

Mit dem Einsammeln der Schülerrückmeldungen endet der Evaluationsprozess noch lange nicht. Sichten Sie die Ergebnisse und stellen Sie diese zur Diskussion. Und geben Sie der Klasse auch selbst Rückmeldung zum Unterricht (Tipp 66).

❯ Tipp 66

Sparsam eigenes Material entwickeln

79

Eigenes Material gut ausnutzen

Viele Lehrer werden zu Nachteulen, wenn es darum geht, den Unterricht perfekt vorzubereiten. Da wird über Stunden nach dem optimalen Einstiegscartoon im Internet recherchiert, danach ein Text neu geschrieben, weil der Lehrwerkstext nicht gefällt, und zum Schluss – es geht bereits auf Mitternacht zu – muss noch eine Tandemübung entwickelt werden. Kommt Ihnen das bekannt vor? Bevor Sie das Rad komplett neu erfinden, schauen Sie erst einmal genau, welches Material Ihnen bereits zur Verfügung steht. Während der Lehrwerksphase (und auch noch danach) können Sie auf einen großen Fundus von Texten und Aufgaben aus dem Lehrwerk selbst oder auch aus zusätzlichen Materialien zurückgreifen. Trauen Sie sich, Ihr Buch neu zu arrangieren und z. B. Aufgaben vorzuziehen oder abzuwandeln. Nicht immer muss gleich alles völlig neu gestaltet werden (Tipp 57). Wenn Sie doch einmal komplett eigenes Material erstellen wollen, achten Sie darauf, dass Sie es später gut ausnutzen. Viele Dinge (z. B. Bilder, Vokabelkärtchen, Zahlenspiele, Kompetenzraster) eignen sich dazu, immer wieder in gleicher Weise oder neu, d.h. in einem anderen Kontext, eingesetzt zu werden. Dafür sollten Sie sie am besten laminieren (Tipp 55, 72).

Mit vorhandenem Material kreativ umgehen

❯ Tipp 57

❯ Tipp 55, 72

80 Mit Teilgruppen sinnvoll arbeiten

Die 11c ist auf Klassenfahrt, die 12a gerade auf einem Ausflug und in der 10. haben einige Schüler eine Orchesterprobe. Spanischkurse in der Oberstufe sind oft nicht voll besetzt, denn immer wieder fehlen viele Schüler aus verschiedenen Gründen. In solchen Stunden neuen Stoff zu erarbeiten ist natürlich ungünstig, trotzdem muss die Zeit sinnvoll genutzt werden. Das Gute ist, dass diese Situationen vorhersehbar sind, denn Ausflüge, Klassenfahrten und Ähnliches werden rechtzeitig angekündigt und stehen im Schulkalender. Informieren Sie sich also frühzeitig, wann Sie nur mit einer Teilgruppe arbeiten werden, und berücksichtigen Sie dies in Ihrer Langzeitplanung (Tipp 6). Dann können Sie aus der Not eine Tugend machen.

❯ Tipp 6

- Zum Beispiel können Sie zu Beginn des Schuljahres Kurzreferate zu einem Thema *(días especiales, fiestas, mi canción favorita)* verteilen, die an diesen Tagen die Grundlage der Stunde bilden (Tipp 89).
- Auch als Wiederholungsstunden eignen sich Stunden mit spärlicher Besetzung: Lassen Sie Teams bilden, die mithilfe der Grammatik ein Thema wiederholen, es für die anderen aufbereiten und dazu eine kleine Übung entwickeln. Die Präsentation kann je nach Zeit und Umfang unmittel-

Kurzreferate

❯ Tipp 89
Wiederholungsstunden

> Tipp 47

„Sonderstunden"

> Tipp 92

Kreative Projekte

> Tipp 82

bar oder in der nächsten Stunde vor der gesamten Klasse erfolgen (Tipp 47).
- Selbst Herzenswünsche können Sie sich und Ihren Schülern in „Sonderstunden" erfüllen. Sie wollten schon lange mal aus dem Alltag ausscheren und eine Doppelstunde zu einem schönen Kurzfilm wie z. B. *Paperman* oder *Alike* machen? Jetzt ist die Gelegenheit (Tipp 92)!
- Auch kreative Projekte rund um den Lehrbuchtext lassen sich in Kleingruppen gut verwirklichen. Erstellen Sie mit Ihren Schülern z. B. ein kleines Hörspiel, ein Wiki (Tipp 82) oder eine *fotonovela*.

SOS-Tipp

Sie sind selbst auf Klassenfahrt oder sind plötzlich krank geworden? Dann nutzen Sie die oben genannten Aufgaben (Kurzreferate, Grammatikaufbereitung) für das eigenständige Arbeiten Ihrer Schüler zu Hause oder im Vertretungsunterricht (Tipp 81).

> Tipp 81

Eigene Abwesenheiten effizient füllen

81

Fünf Möglichkeiten der sinnvollen Beschäftigung

> Tipp 16

> Tipp 47

Es lässt sich nicht vermeiden: Manchmal fehlen nicht die Schüler, sondern wir Lehrkräfte. Sollte dies bei Ihnen der Fall sein, können Sie die Schüler mit folgenden Ideen sinnvoll beschäftigen:

- **Vorbereitung des nächsten Themas:** Lassen Sie die Schüler zu soziokulturellen Themen ein Webquest oder ein Questweb (Tipp 16) lösen.
- **Lernen durch Lehren:** Je nach Alter und Lernstand können die Schüler selbstständig Grammatikthemen erschließen. Das arbeitsteilige Erarbeiten und gegenseitige Erklären funktioniert z. B. sehr gut bei *futuro* und *condicional*. Dazu sollen die Experten dann selbst Übungsmaterial erstellen, mit dem sie das Verständnis ihrer „Schüler" kontrollieren (Tipp 47).

- **Aufgaben mit Lösungen zur Selbstkontrolle:** Zu Grammatik- oder Wortschatzthemen lassen sich in Übungsgrammatiken oder auch in den *cuadernos* Übungen mit Lösungen finden, die sich für die eigenständige Arbeit eignen. Sie können natürlich auch auf die Laufzettel Ihrer Differenzierungsstunde zurückgreifen (Tipp 60). ❯ Tipp 60
- **Kompetenzraster:** Die Überprüfung des eigenen Leistungsstandes anhand der im Buch oder in den *cuadernos* enthaltenen Seiten und das Aufarbeiten von individuellen Defiziten anhand von Kompetenzrastern (Tipp 58) bieten sich für die eigenständige Schülerarbeit geradezu an! ❯ Tipp 58
- **Wochenplanarbeit:** Insbesondere bei längerer, vorhersehbarer Abwesenheit können Sie den Schülern in einem Plan Aufgaben zusammenstellen, die sie dann bis zu Ihrer Rückkehr erledigen. Das könnte z.B. die Vorbereitung einer Buchpräsentation sein (Tipp 91) oder die Arbeit zu einer *unidad* im Lehrbuch. ❯ Tipp 91

Gleich mal ausprobieren

Auch bei nicht vorhersehbaren Abwesenheiten, wie z.B. bei Krankheit, können Sie vorbereitet sein: Legen Sie eine Mappe in Ihr Fach, in der Sie für Ihre verschiedenen Klassen Aufgaben (ggf. mit wegklappbarer Lösung), Webquests oder Rallyes (Tipp 14) in entsprechender Anzahl kopiert aufbewahren. Ihre als Vertretung eingesetzten Kollegen werden es Ihnen danken, wenn sie passendes Material vorfinden und nicht improvisieren müssen.

Mappe mit genügend Kopien für jede Klasse im eigenen Fach deponieren

❯ Tipp 14

Ein Wiki einrichten

82

Die digitale Revolution schreitet voran und die Schulen gehen mit: Ein Internetzugang im Klassenzimmer, Schülertablets oder -notebooks oder gut ausgestattete Computerräume stehen mittlerweile an den meisten Schulen zur Verfügung. Auch zu Hause haben die Schüler in der Regel Zugriff auf das Internet.

Das Wiki von zu Hause aus einrichten

Nutzen Sie dieses Lernumfeld, um mit Ihrer Klasse ein Wiki zu erstellen. Ein Wiki ist eine Internetplattform, die von einer Gruppe von Nutzern gemeinsam bearbeitet werden kann. Prominentestes Beispiel dafür ist Wikipedia. Ein Wiki kann von zu Hause aus bei verschiedenen Anbietern eingerichtet werden, z. B. bei wikispaces.com, wikia.com oder dokuwiki.org. Für die Arbeit im Bildungsbereich ist das in der Regel auch kostenlos. Wenn das Wiki eingerichtet ist, laden Sie Ihre Schüler als Nutzer ein. Diese können nun im Wiki eigene Texte verfassen, Bilder oder Links einfügen und die Kommentarfunktion verwenden.

Ist das Klassenwiki erst einmal angelegt, können Sie es immer wieder für verschiedene Aufgaben nutzen:

Vier Einsatzmöglichkeiten

- **Ein Lexikon erstellen:** Egal ob spanischsprachige Länder, Künstler, Städte oder Persönlichkeiten, wählen Sie ein Oberthema und lassen Sie Ihre Schüler dazu eine Seite im Wiki erstellen. Über die Kommentarfunktion können Sie und die Mitschüler Feedback geben. Da jede Seite von jedem Mitglied bearbeitet werden kann, können Sie auch Lektorenaufträge vergeben, sodass die Schüler sich gegenseitig verbessern.
- **Vokabeln wiederholen:** Verteilen Sie das Vokabular der bereits erarbeiteten *unidades* und lassen Sie von Ihren Schülern ein Verzeichnis erstellen, in dem das wichtigste/schwierigste Vokabular mit Beispielsätzen, Quizfragen und Übungen wiederholt wird. Sind alle Seiten fertig, kann jeder darauf zugreifen, lernen und sein Wissen am Ende in einem Test (online oder in Papierform) auf die Probe stellen.
- **Eine Grammatikübersicht erstellen:** Ihre Schüler widmen sich einem sprachlichen Phänomen und erstellen dazu im Wiki eine Übersichtsseite.
- **Texte würdigen:** Sollen Ihre Schüler eigene kreative Texte schreiben, können diese in einem Wiki besonders gut gewürdigt werden, da sie allen ohne viel Kopieraufwand zur Verfügung stehen, auch zu Hause gelesen und von den Mitschülern kommentiert werden können.

Um die Ecke gedacht

Sind Sie selber einmal nicht in der Schule, ist ein Wiki eine hervorragende Möglichkeit, Ihren Schülern eine sinnvolle Aufgabe zu geben: Als Administrator können Sie nämlich jederzeit von unterwegs sehen, wer wann was auf dem Wiki verändert hat (Tipp 80). Und sollten Ihre Schüler mal Blödsinn im Kopf haben oder aus Versehen Inhalte löschen, können Sie dies jederzeit wieder rückgängig machen.

❯ Tipp 80

Gleich mal ausprobieren

Da Wikis auch unabhängig vom Aufenthaltsort Ihrer Schüler funktionieren, eignen sie sich hervorragend für das gemeinsame Lernen mit Schülern anderer Klassen oder anderer Schulen. Initiieren Sie Partnerprojekte zwischen verschiedenen Lernjahren, in denen die Fortgeschrittenen als Mentoren der Anfänger auftreten, oder zwischen verschiedenen Schulen, sodass gemeinsam ein besonders umfangreiches Lexikon entstehen kann. Vielleicht haben Sie sogar eine Partnerschule im Ausland, mit der Sie auf diese Weise kooperieren können?

Achtung!

Achten Sie darauf, die Datenschutzoptionen des Wikis so zu wählen, dass das Wiki nur Ihren Schülern zugänglich ist. Wenn Sie ein öffentliches Wiki erstellen möchten, zu dem z. B. auch der Parallelkurs oder Schüler einer anderen Schule Zugang haben, holen Sie sich zuvor das Einverständnis der Eltern ein. Und noch etwas: Bei aller Begeisterung für die digitale Kommunikation, das Sprechen im Unterricht darf auf keinen Fall zu kurz kommen. Die Arbeit am Wiki sollte daher nach einer Einführungsphase vornehmlich zu Hause stattfinden.

SCHÜLERWÜNSCHE ERFÜLLEN I

83

„Können wir einen Film sehen?" Es gibt wohl keine Spanischklasse, in der dieser Satz noch nicht gefallen ist.
Erfüllen Sie Ihren Schülern diesen Herzenswunsch ruhig einmal. Zu vielen Themen finden sich passende spanische oder lateinamerikanische Filme. Auch spontan darf die DVD einmal herausgeholt werden, wenn z. B. nur eine Teilgruppe in der Schule ist (Tipp 80). Wichtig ist jedoch, dass der Einsatz nicht dem puren Zeitvertreib dient, sondern einen Lerneffekt hat. Mit ein paar einfachen Tricks gelingt dies ohne großen Vorbereitungsaufwand:

❯ Tipp 80

Auch bei spontanem Filmeinsatz Lerneffekte bewirken

- **Einen Beobachtungsbogen verteilen:** Erstellen Sie einen Bogen mit Passepartout-Aufgaben, der für verschiedene Filme angewendet werden kann. Darauf sollen die Schüler z. B. Notizen zu den Protagonisten und der Handlung festhalten, eine Lieblingsszene benennen, filmische Mittel analysieren (soweit vorher eingeführt) und das beste Filmzitat festhalten (Tipp 92). Auf dieser Basis kann als Hausaufgabe oder in der nächsten Stunde eine Filmkritik verfasst werden.

❯ Tipp 92

- **Ein Quiz erstellen lassen:** Geben Sie Ihren Schülern die Aufgabe, sich während des Films Notizen für ein Filmquiz zu machen. Im Anschluss werden auf dieser Grundlage als Hausaufgabe Fragen formuliert, die als Einstieg in die nächste Stunde genutzt werden können. Alternativ könnten auch jeweils zwei Teams Quizfragen formulieren und damit gegeneinander antreten (Tipp 46).

❯ Tipp 46

- **Ein Filmpuzzle mitbringen:** Suchen Sie im Internet die spanische Zusammenfassung der Filmhandlung heraus oder schreiben Sie sie in kurzen Sätzen selbst. Verändern Sie im Dokument die Reihenfolge oder zerschneiden Sie den Ausdruck so, dass die Schüler während des Films die einzelnen Teile ordnen und so ihr Seh-Hör- und ihr Leseverstehen nachweisen können.

- **Ein Zitatequiz vorbereiten:** Entnehmen Sie dem Film einige wichtige Zitate und fügen Sie weitere, frei erfundene hinzu. Vor der Filmpräsentation kann anhand der Zitate

über den Inhalt spekuliert werden. Ist dieser bereits grob bekannt, sollen die Schüler mutmaßen, welche Zitate wohl im Film vorkommen und welche ausgedacht sind. Während des Films geben Sie den Schülern dann den Auftrag, die Zitate der Reihenfolge nach zu nummerieren (oder Szenen/Figuren zuzuordnen) und die von Ihnen eingeschmuggelten Zitate auszusortieren.
- Im Anschluss können die „echten" Zitate in den Kontext des Films eingeordnet werden, d. h. sie dienen zusätzlich als Sprechanlässe.

Achtung!

Auch wenn Sie spontan zur DVD greifen, Sie müssen den Film vorher einmal gesichtet haben, um zu entscheiden, ob er dem Sprachniveau und dem Alter der Schüler entspricht und keine unangemessenen Szenen enthält. Die Altersfreigabe ist ein Hinweis, hilft aber nicht immer. Denn was Schüler privat sehen dürfen und was als Unterrichtsmaterial im Klassenraum gezeigt wird, unterliegt zweierlei Maßstäben.

SCHÜLERWÜNSCHE ERFÜLLEN II

84

Es ist mal wieder soweit: Die Ferien stehen vor der Tür und Ihre Klasse wünscht sich für die letzte Stunde ein Sonderprogramm. Schon wieder frühstücken? Hier ein paar schöne Alternativideen:
- **Eine Quizshow veranstalten:** Die Schüler entwickeln in Expertenteams als Hausaufgabe Fragen zu den Themen des vergangenen Halbjahres, in der Stunde treten sie dann gegeneinander an. Etwas mehr Pep bekommt diese Quizstunde, wenn Sie sie an ein bekanntes Format aus dem Fernsehen anlehnen (Tipp 16, 46).
- **Einen bunten Nachmittag veranstalten:** Wenn Sie eine Doppelstunde am Nachmittag haben, organisieren Sie eine kleine Feier, zu der jeder Schüler etwas beiträgt. Teilen

Drei Ideen zur Gestaltung der Randstunde vor den Ferien

› Tipp 16, 46

Sie dafür die Schüler in Teams auf und lassen Sie sie kreativ werden. Wenn es sich um die letzte Doppelstunde vor Weihnachten handelt, könnte Folgendes auf dem Programm stehen: einen *Roscón de Reyes* probieren, einen *villancico* singen, die Ziehung des *El Gordo* auf YouTube anschauen, eine Weihnachtsgeschichte hören oder ein Quiz zu spanischen Weihnachtsbräuchen spielen (Tipp 89).

❯ Tipp 89

- **Teamspiele ausprobieren:** Suchen Sie sich ein Spiel aus der Erlebnispädagogik aus und spielen Sie dies mit Ihren Schülern auf Spanisch. Viele Spiele funktionieren mit festen Floskeln und sind daher auch gut von Sprachanfängern zu bewältigen. Hier als Beispiel *Esto es un tic:* Die Gruppe steht im Kreis, der Spielleiter hat zwei Gegenstände, z. B. eine Packung Papiertaschentücher und eine Mütze. Nun gibt er die Taschentücher mit dem Satz *Esto es un tic* an Spieler 1 links neben sich weiter. Spieler 1 fragt nach: *¿Qué es?* Der Spielleiter antwortet: *Esto es un tic.* Spieler 1 gibt die Taschentücher nach links zu Spieler 2 mit den Worten *Esto es un tic* weiter. Spieler 2 fragt Spieler 1 daraufhin *¿Qué es?*, Spieler 1 fragt wieder beim Spielleiter nach: *¿Qué es?* – und bekommt die Antwort *Esto es un tic*, die er nun wieder an Spieler 2 weitergibt. Dieser gibt die Taschentücher mit den gleichen Worten nun Spieler 3, der fragt wieder zurück usw. Auf die gleiche Weise wird die Mütze vom Spielleiter nach rechts geschickt, allerdings mit den Worten *Esto es un tac*. Was erst einmal ziemlich leicht und eintönig klingt, wird bald schon höchste Konzentration der Mitspieler erfordern, spätestens, wenn sich beide Gegenstände auf ihrer Reise begegnen.

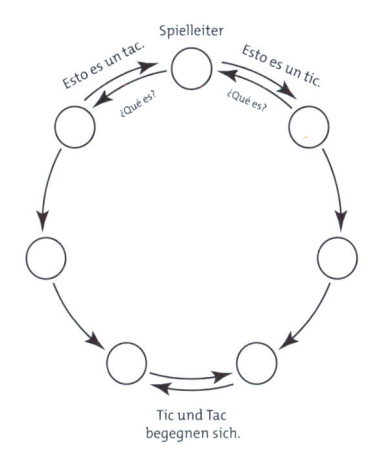

Spielleiter
Esto es un tac. *Esto es un tic.*
¿Qué es? *¿Qué es?*

Tic und Tac begegnen sich.

Achtung!

In unseren Beispielen spielen die Schüler bewusst eine aktive Rolle bei der Vorbereitung der Stunde. Natürlich können Sie das auch komplett selbst übernehmen. Die Idee, die dahinter steht, ist aber, dass jeder Einzelne etwas zum Gelingen einer Feier beiträgt, sich verantwortlich fühlt und dadurch diese besondere Stunde mehr würdigt und genießt.

Schülerwünsche erfüllen III

85

„Können wir nicht Unterricht draußen machen?" Diese Schülerfrage bei schönem Wetter ist oft der Auftakt zu einer ineffizienten, chaotischen Stunde auf dem Schulhof, in der die Schüler Sie aufgrund schlechter Akustik nicht gut verstehen, Schreibaufgaben auf dem Boden erledigt werden müssen und alle am Ende unzufrieden sind.

Wenn Sie dem Schülerwunsch entgegenkommen wollen, nutzen Sie für die Stunde die Möglichkeiten der Umgebung:

Die Möglichkeiten der Umgebung nutzen

- Vorteil 1: Sie haben draußen sehr viel Platz. Planen Sie Aktivitäten, für die Ihr Klassenraum zu klein ist, z. B. Improtheaterszenen (Tipp 55), gruppenweises Üben und

❯ Tipp 55

Aufnehmen eines Dialoges oder das Nachstellen und Fotografieren von Szenen für eine *fotonovela* auf Grundlage des aktuellen Lehrbuchtextes. Dank moderner Handytechnologie haben die Schüler das nötige Equipment meist in der Schultasche (Tipp 25).

Handys zum Einsatz bringen
▶ Tipp 25

- Vorteil 2: Sie können mal so richtig Krach machen – jedenfalls, wenn Sie und Ihre Schüler sich nicht direkt unter den Fenstern der anderen Klassenräume bewegen. Vielleicht ist der Sportplatz ja frei? Leihen Sie sich von Ihrem Kollegen, dem Musiklehrer, ein paar einfache Rhythmusinstrumente aus und geben Sie Ihren Schülern die Aufgabe, einen Rap zu einem Grammatikthema, ein Lied mit den neuen Vokabeln oder einen Indianertanz zu einer Konjugation zu erfinden. Das kostet erst einmal etwas Überwindung, wird Ihre Schüler aber begeistern, wenn Sie ihnen nicht zu viele Vorgaben machen. Und effizient wird Ihre Stunde damit allemal, denn Rhythmus und Bewegung fördern das Behalten (Tipp 28, 51).

Grammatik oder Wortschatz mit Bewegung und Rhythmus lernen
▶ Tipp 28, 51

Achtung!
Klären Sie ab, welche Regelung es an Ihrer Schule zum Unterricht außerhalb des Klassenraums gibt, und informieren Sie das Sekretariat, wo Sie zu finden sind. Achten Sie insbesondere auch darauf, dass niemand durch Ihre Klasse gestört wird.

STANDARDSTUNDEN PARAT HABEN

86

Speeddating durchführen

Wenn einmal alle Stränge reißen und Sie keine Möglichkeit der Vorbereitung haben, kommen Sie mit den folgenden Stunden elegant über die Runden.

- **Sprechen:** Sie veranstalten ein Speeddating mit Ihrer Klasse. Die Schüler bekommen 10 Minuten Zeit, zu festgelegten Punkten (Name, Alter, Familie, Hobbys, Mein Leben in 10 Jahren …) Stichworte aufzuschreiben, und dann beginnen sie im Kugellager auf ein akustisches Signal hin, sich gegenseitig vorzustellen.

- **Schreiben:** Spontane Kreativität erreichen Sie durch das Verfassen von Elfchen, bei denen Sie die Struktur vorgeben, z. B. *Un oncito – un poema de once palabras o expresiones: línea 1 (un sustantivo con su artículo), línea 2 (3 lugares donde se encuentra), línea 3 (3 adjetivos que definen cómo es), línea 4 (3 verbos o expresiones verbales que dicen lo que hace, qué función tiene) y línea 5 (una frase corta que se relaciona con la primera línea).* ❙ Elfchen schreiben
- **Lesen:** Nutzen Sie den Lektürekoffer (**Tipp 91**) und lassen Sie Ihre Schüler zehn Zusammenfassungen lesen, die auf den hinteren Buchdeckeln abgedruckt sind. Die Schüler bekommen vorher von Ihnen einen Zettel ausgeteilt, auf dem in einem Raster z. B. folgende Rubriken stehen: *Emigración y convivencia multicultural, Violencia y drogas, El primer amor y otros desastres, La sociedad moderna, Novelas históricas, Literatura de memoria, Novelas humorísticas, Cuentos.* Die Schüler haben nach der Lektüre die Aufgabe, die Büchertitel in die dazugehörige Rubrik einzutragen. ❯ Tipp 91 Lektürekoffer nutzen
- **Hören:** Eine bei den Schülern sehr beliebte Alternative ist die Arbeit mit Liedern und Videos der Seite www.lyricstraining.com. Sie bietet für eine Vielzahl von Liedern die Möglichkeit, zwischen verschiedenen Schwierigkeitsgraden hinsichtlich der auszufüllenden Lücken zu wählen. Mit Liedern arbeiten

Um die Ecke gedacht

Für das Speeddating ergeben sich mehr Wiederholungs- bzw. Variationsmöglichkeiten, wenn die Schüler nicht sich, sondern echte oder imaginäre Persönlichkeiten vorstellen. Lassen Sie dazu Ihre Schüler irgendwann als Hausaufgabe *fichas* mit Fotos oder Steckbriefen von spanischsprachigen Persönlichkeiten erstellen. Diese sammeln Sie ein und verwenden sie, wenn die Standardstunde gefragt ist.

Gleich mal ausprobieren

Sie haben weitere Stunden in petto, wenn Sie von Ihren Schülern pro Lektion oder Thema ein Quiz oder ein Webquest entwerfen lassen (**Tipps 16, 47**). ❯ Tipp 16, 47

Mit eigenen Fehlern umgehen

87 *Eigene Fehler als Lernanlass nutzen*

Nobody is perfect. Auch wenn Sie als Sprachenlehrer über ein hohes Maß an Sicherheit in der Fremdsprache verfügen, sind Sie nicht unfehlbar. Wenn Ihnen ein sprachlicher Fehler unterläuft oder Sie eine Vokabel nicht wissen, kann das auch als Lernanlass genutzt werden. Lassen Sie den Begriff von Ihren Schülern nachschlagen und trainieren Sie in diesem Zusammenhang den Umgang mit dem Wörterbuch. Oder erteilen Sie den Auftrag, einen Zweifelsfall in der Grammatik bis zur kommenden Stunde zu eruieren, der dann gemeinsam geklärt wird.

> **Achtung!**
> Mitunter schleichen sich Flüchtigkeitsfehler auf Arbeitsblättern oder auch in Klassenarbeiten ein. Meistens werden diese im Laufe der Stunde entdeckt und auch korrigiert. Vergessen Sie aber nicht, diese Verbesserungen im Anschluss auch zu Hause auf Ihrem PC vorzunehmen – ansonsten werden Sie sich sicherlich beim nächsten Einsatz der Kopie erneut ärgern.

Vertretungsstunden nutzen

88 *Spielerische Wiederholung von Zahlen und Datumsangaben*

Immer wieder ist zu beobachten, dass Schüler beim Lesen oder Vortragen plötzlich innehalten oder stocken, wenn sie auf Zahlen stoßen. Auch hier gilt: Übung macht den Meister! Warum also nutzen Sie Vertretungsstunden nicht zur Wiederholung von Zahlen und Datumsangaben? Eine spielerische und motivierende Möglichkeit, dies – ganz ohne Vorbereitung – zu tun, ist folgende:
Lassen Sie die Schüler in ein Raster persönliche Zahlen bzw. Daten zu Fragen aufschreiben, die Sie auf Folie oder an der Tafel notieren. Mögliche Fragen wären:
- *¿Cuándo es tu cumpleaños?*
- *¿Cuándo es el cumpleaños de tu padre / tu madre / tu abuelo/a?*

- *¿En qué año naciste?*
- *¿En qué año nació tu padre / tu madre / tu abuelo/a?*
- *¿Cuántos años tiene tu padre / tu madre / tu abuelo/a?*
- *¿Cuántas horas a la semana utilizas tu móvil?*
- *¿A qué edad viajaste por primera vez al extranjero?*
- *¿Cuándo escribiste el último examen?*
- *¿…?*

In Partnerarbeit nennt dann jeweils abwechselnd ein Schüler seine Zahl bzw. sein Datum und der andere muss erraten, um welche Frage es sich handelt (z. B. *Pienso que es el cumpleaños de tu madre.*). Wenn die Vermutung stimmt, wird das Datum gestrichen. Wer zuerst alles richtig geraten hat, gewinnt.

89 Auf *días especiales* eingehen

Den Kurzfilm *Día de los Muertos* ansehen
❯ Tipp 92

Es ist der 1. November, in Ihrem Bundesland ist das kein Feiertag und Sie haben Unterricht in Ihrem Spanischkurs? Eine Steilvorlage! Denn heute ist in Mexiko der *Día de los Muertos*, und damit ist das Thema Ihrer Unterrichtsstunde praktisch festgelegt. Steigen Sie z. B. mit dem prämierten Kurzfilm *Día de los Muertos* von Whoo Kazoo ein (Tipp 92), den Sie problemlos im Internet finden und der sich für alle Lerngruppen eignet, da er anrührend ist und gleichzeitig ohne Text auskommt. Thematisieren Sie das Gesehene und arbeiten Sie die Symbole des *Día de los Muertos* heraus. Fördern Sie die interkulturelle Kompetenz, indem Sie die Schüler erkennen lassen, warum der 1. November in Mexiko ein freudiger Tag ist, während die Feiertage Allerheiligen, Allerseelen und Totensonntag in Deutschland eher trübe Stimmung verbreiten: In Mexiko glaubt man, dass die Toten heute für einen Tag in die Welt der Lebenden zurückkehren (Tipp 94). Auch ein *martes 13* eignet sich prima dazu, mal aus dem Lehrbuchalltag auszuscheren und das Thema *superstición* zu thematisieren. Was sind Glückssymbole in Spanien und was bringt angeblich Unglück?

Der 23. April ist nicht nur *San Jorge* und daher in Katalonien ein wichtiger Feiertag, sondern auch der *Día internacional*

Interkulturelle Kompetenz fördern

❯ Tipp 94

Den *Día del libro* begehen

del libro, an dem die Männer traditionell den Frauen eine Rose schenken, die Frauen den Männern im Gegenzug ein Buch. Wandeln Sie diesen Brauch ab und machen Sie eine kleine Wichtelaktion daraus, bei der tatsächlich alle Schüler einem Mitschüler ein Buch (oder eine Buchempfehlung) schenken – am besten natürlich ein spanisches!

Gibt es sonst noch etwas zu feiern? Natürlich, *el Día de Reyes* darf auf keinen Fall fehlen! Wenn Sie gerne backen, bereiten Sie einen *roscón de Reyes* inklusive Figürchen und Bohne vor, wenn nicht, finden Sie bestimmt einen backbegeisterten Schüler oder eine Schülerin, der/die Lust hat, diese Aufgabe zu übernehmen. Und weil der 6. Januar häufig in die Ferien fällt, ist so eine „Kuchenstunde" natürlich auch bestens geeignet für die letzte Stunde vor oder die erste Stunde nach Weihnachten (Tipp 13, 84).

❯ Tipp 13, 84

Um die Ecke gedacht

> Wenn Sie nicht gleich eine ganze Stunde einem besonderen Tag widmen können oder wollen, verteilen Sie die Daten an Ihre Schüler mit der Aufgabe, eine *charla de un minuto* oder ein kleines Einstiegsreferat dazu vorzubereiten. Neben den oben genannten Tagen eignen sich z. B. auch die Nationalfeiertage verschiedener spanischsprachiger Länder. Im Internet gibt es zu jedem Land zudem übersichtliche Listen aller *fechas especiales*.

Mostrar y compartir einplanen

90

Es ist das große Ziel des Spanischunterrichts: das freie Sprechen der Schüler. Mit dem freien Sprechen werden sie in die Lage versetzt, eine spontane Kommunikation an jedem Ort der Welt zu beginnen – sei es auf dem Flughafen in Madrid, in einer Apotheke in Santiago de Chile oder in der Tapasbar um die Ecke. Die Grundlagen für diese Kompetenz werden im Unterricht gelegt, doch fällt es den Schülern oft schwer, sich von der Sicherheit ihrer Notizen zu lösen.

Eine schöne, sehr motivierende Übung zum freien Sprechen kommt aus dem englischsprachigen Raum: *Show and tell* ist eine typische Aktivität an nordamerikanischen Grundschulen. Die Schüler bringen einen Gegenstand mit in den Unterricht, der für sie eine besondere Bedeutung hat. Dies kann vom Hockeyschläger über das Familienfoto oder das Urlaubssouvenir bis hin zum Lieblingsstück der Mineraliensammlung (fast) alles sein. Diesen Gegenstand stellen sie ihren Mitschülern vor und berichten auf diese Weise von ihren Hobbys, ihrer Familie oder ihrem letzten Urlaub. Abgerundet wird der Vortrag durch Fragen der Mitschüler, sodass nach der monologischen Einleitung ein Unterrichtsgespräch entsteht. Ein wichtiges Element ist hier die gelungene Binnendifferenzierung, denn dadurch, dass die Schüler ihren Gegenstand selbst wählen, können sie den Schwierigkeitsgrad ihres Vortrags beeinflussen: Nur wer sich schon sicher im *pasado* fühlt, bringt ein Urlaubsfoto mit. Wer es einfacher braucht, erzählt anhand eines Fotos etwas über die eigene Familie (Tipp 60). Ein schöner Nebeneffekt ist, dass bei *mostrar y compartir* jeder zum Experten wird und auch sonst schwache Schüler mit ihren Stärken glänzen können. *Mostrar y compartir* funktioniert besonders gut im Anfangsunterricht. Denn gerade jüngere Spanischlerner haben großen Spaß daran, ein Stückchen ihres privaten Lebens mit den Klassenkameraden zu teilen.

Binnendifferenzierung ermöglichen

❱ Tipp 60

Um die Ecke gedacht

Mostrar y compartir kann auch als Vorbereitung einer Sprechprüfung leicht in den Unterrichtsalltag integriert werden. Dafür wird zu Beginn jeder Stunde zwei oder drei Schülern die Zeit eingeräumt, ihren Gegenstand vorzustellen. Die Fragen der Mitschüler oder ggf. des Lehrers spielen hier eine wichtige Rolle, denn sie verhindern, dass die Schüler ihren Vortrag komplett auswendig vortragen.

> **Achtung!**
> Da die Schüler intrinsisch motiviert an ihren Vortrag herangehen, werden sie oft Dinge ausdrücken wollen, für die ihnen noch die Redemittel fehlen. Je nach Lernjahr sollten Sie daher in der Vorbereitungsphase Ihre Hilfe anbieten oder auf das Wörterbuch verweisen. Bei der Präsentation muss dann sichergestellt werden, dass alle Mitschüler das neue Vokabular verstehen, daher sollte es für alle gut sichtbar sein – z. B. an der Tafel oder auf einem Vokabelblatt. Dabei gilt in jedem Fall: Weniger ist mehr!

Einen Lektürekoffer bereitstellen

91

„Die Kinder lesen zu wenig" ist ein häufig gehörter Satz. Ein probater Weg, die Leseunlust zu reduzieren, ist es, die Schüler selbst entscheiden zu lassen, was sie wann und wie lesen möchten. Stellen Sie dazu verschiedene didaktisierte und authentische Lektüren zusammen, die die Interessen der Schüler berücksichtigen, und kennzeichnen Sie sie mittels farbiger Klebepunkte, die das jeweilige Niveau angeben. Dann packen Sie sie in Schuhkartons oder Kisten und lassen die Schüler wählen. Sie schulen damit das Leseverstehen, ermöglichen einen affektiven Zugang zum Thema und fördern das interkulturelle Lernen sowie die Lernerautonomie. Auch wenn Sie nach Möglichkeiten der Neigungsdifferenzierung (Tipp 60) suchen oder einen alternativen Leistungsnachweis brauchen, eignet sich der Lektürekoffer sehr: Sie stellen unterschiedliche Präsentationsformen zur Auswahl, für die Sie Kriterien angeben, an denen Sie sich bei der Bewertung orientieren. Die Schüler wählen dann z. B. aus den folgenden Optionen:

> ▸ Tipp 60

> Unterschiedliche Präsentationsformen anbieten

- eine Buchkritik in mündlicher oder schriftlicher Form
- ein Hörspiel
- ein fingiertes Interview mit dem Autor
- ein zu kommentierendes Poster
- ein Strukturbild mit Illustrationen

- eine Zusammenfassung des Buches mit einer Charakterisierung der Protagonisten
- Vorlesen eines Buchausschnittes mit anschließender Begründung (Warum wurde genau dieser Ausschnitt gewählt?)

Achtung!
Für junge Lerner sollten Sie unbedingt auch Comics und Bilderbücher in den Koffer packen!

Gleich mal ausprobieren
Damit alle bei den Präsentationen aufpassen und sich nicht langweilen, ist es zu empfehlen, Höraufträge, z. B. die W-Fragen als Fragekarten oder als Raster, zu verteilen. Eine Buchvorstellung wird besonders abwechslungsreich, wenn der Schüler in einem selbstgestalteten Karton verschiedene Gegenstände mitbringt, die einen Bezug zum Buch haben, den er dann bei der Präsentation erläutert.

MIT KURZFILMEN ARBEITEN

92

Die Vorteile von Kurzfilmen (und auch von Werbespots) liegen auf der Hand: die Kürze, das Ansprechen mehrerer Sinne, das Fördern von Medienkompetenz als Vorstufe für längere Filme, die hohe Aussagekraft, die Leerstellen und noch vieles mehr. Ihre Vorbereitung ist schnell gemacht, wenn Sie folgende Passepartout-Aufgaben nutzen:

Zur Vorbereitung Passepartout-Aufgaben nutzen

- *Antes del visionado:* Hypothesen aufstellen, was Inhalt des Films sein wird; anhand eines Bildes aus dem Film Vokabular zur Bildbeschreibung verwenden; über Bildsprache (die Perspektive, die Farben) sprechen; die Bedeutung von Filmen im eigenen Leben reflektieren; eine Mindmap zum Thema des Films erstellen oder lediglich die Musik abspielen und über die Thematik spekulieren lassen
- *Durante el visionado:* persönliche Sehaufträge bearbeiten (W-Fragen, Anzahl von Szenen, Licht, Schatten, Mu-

sik); die zuvor formulierten Hypothesen überprüfen; Wörter, die gehört werden, in der Mindmap einkreisen lassen
- *Después del visionado:* die Geschichte zusammenfassen; den Film vertonen, nachdem er zuvor ohne Ton gesehen wurde, oder die passende Musik auswählen; Dialoge schreiben; Standbilder beschreiben oder Protagonisten charakterisieren; Standbilder zuordnen lassen; innere Monologe schreiben; Mindmap vergleichen und erweitern; Lieblingsstelle begründet auswählen; filmische Mittel kommentieren; Vor- und/oder Nachgeschichte schreiben; eine Filmkritik verfassen

Bei der Suche nach dem geeigneten Kurzfilm können Sie sich im Internet inspirieren lassen, so z. B. auf den Seiten *listas.veinteminutos.es* oder *losmejorescortos.es*. Sie werden überrascht sein, wie viel Verwertbares dabei ist.

Um die Ecke gedacht

> Lassen Sie Ihre Schüler selbst einen Kurzfilm drehen, den sie dann mit einem *folleto* ihren Mitschülern vorstellen. Der beste Kurzfilm und die beste Präsentation werden prämiert (Tipp 63).

› Tipp 63

AUSSTELLUNGEN BESUCHEN

93

Eine Rallye vorbereiten

In der Stadt gibt es eine sehenswerte Ausstellung? Nichts wie hin! Für manche Schüler wird das allerdings der erste Besuch einer Ausstellung sein, erwarten Sie also nicht, dass Ihre Gruppe sofort von der Magie der Ausstellungsobjekte gefangen ist.

Sie können durch etwas Lenkung nachhelfen, indem Sie eine Rallye vorbereiten. Idealerweise besuchen Sie dafür die Ausstellung im Vorwege einmal allein und schauen sich den Aufbau genau an. So können Sie zu den verschiedenen Sälen bzw. einzelnen Werken konkrete Fragen oder Aufgaben formulieren. Aber nicht immer ist ein vorbereitender Besuch machbar. Lesen Sie in diesem Falle im Internet die Informationen zur Ausstellung und verallgemeinern Sie die Rallye etwas. Folgende Aufgaben sind denkbar: *Busca un cuadro con solo una persona / con un animal ... que exprese alegría, poder, tristeza ... Describe tu cuadro favorito y justifica tu elección.* Wenn die Schüler selbst kreativ werden sollen: *Busca una obra que te gustaría copiar, prepara un esbozo y pinta el cuadro en casa.*

Kreative Aufgaben stellen

Wenn sich die Ausstellung über mehrere Etagen erstreckt, können Sie auch Ihre Schüler mit dem Erstellen der Rallyeaufgaben betrauen. Sie bilden dann Teams mit je 3 bis 4 Schülern, die sich jeweils eine Etage aussuchen, in der sie während der ersten Phase des Ausstellungsbesuchs Aufgaben für das Partnerteam formulieren. Die Lösungen für die spätere Kontrolle notieren sie auf einem gesonderten Blatt. Es könnte z. B. darum gehen, dass bestimmte Elemente in Bildern gefunden oder *Multiple-Choice*-Fragen zur Bildbeschreibung beantwortet werden müssen. Das Partnerteam macht das Gleiche in der anderen Etage. In der zweiten Phase des Ausstellungsbesuchs werden die Fragebögen ausgetauscht und die Teams begeben sich auf Entdeckungstour.

Die Schüler eine Rallye selbst erstellen lassen

Gleich mal ausprobieren

Eine gute Ausstellung ist nicht in Sicht? Kein Problem! Die genannten Aktivitäten funktionieren auch in Ihrem Klassenraum: Bringen Sie verschiedene Bilder eines Künstlers oder Fotos zu einem Thema mit und hängen Sie sie im Klassenzimmer auf.

Um die Ecke gedacht

Differenzieren Sie, indem Sie besonders gute Schüler oder Muttersprachler eine Museumsführung vorbereiten lassen, bei der einzelne Bilder vorgestellt werden (Tipp 61).

▸ Tipp 61

Interkulturelle Kontakte/Eindrücke anbahnen

94

Die spanischsprachige Wirklichkeit ist nicht nur in Spanien oder Lateinamerika zu finden, sondern ist durch Botschaften, deutsch-iberoamerikanische Gesellschaften oder Cer-

Angebote vor Ort nutzen — vantes-Institute, Restaurants, Kinos und Museen auch bei uns präsent. Wie wäre es mit einer spanischsprachigen Führung durch das ortsansässige Institut für die spanische Sprache oder dem Verteilen des Programms im Klassenraum, um die erste Hemmschwelle abzubauen und den Schülern zu zeigen, welche Möglichkeiten sie haben, in ihrer Stadt Begegnungen mit Muttersprachlern zu initiieren? Diese Institute bieten Abende mit *charlas, cine* und *fiestas* an, die Sie den Schülern empfehlen können. Falls es das bei Ihnen nicht gibt: Nach der Einführung des Vokabulars für einen Bar- oder Restaurantbesuch sollte unbedingt ein gemeinsamer Tapasabend auf dem Programm stehen, an dem die Schüler auf Spanisch bestellen können. Vielleicht nutzen Sie mit Ihrer Gruppe vorher oder nachher die Möglichkeit, einen Film in Originalversion im ortsansässigen Kino zu sehen. Die kommunalen Kinos sind meistens sehr kooperativ, wenn es darum geht, auch außerhalb der normalen Vorstellungszeiten für Ihre Lerngruppen die Türen zu öffnen. Sie müssen nur Absprachen treffen und der Kinobetreiber muss sichergehen, dass die Rechte für den ausgewählten Film auch verfügbar sind.

Um die Ecke gedacht

Aufgrund der hohen Arbeitslosigkeit in spanischsprachigen Ländern sind viele Arbeitsmigranten in Deutschland, die die Schüler in den oben genannten Örtlichkeiten oder über Gruppen wie *latinos en (+ ciudad)* in den sozialen Netzwerken kennenlernen können. Vielleicht ergibt sich daraus eine Freundschaft oder eine Tandemsituation, die für beide Parteien gewinnbringend ist. Einige der bei uns Tätigen sind auch über die Berufsschule oder die Handwerkskammer zu kontaktieren, weil sie durch EU-Fördermittel die Gelegenheit einer dualen Ausbildung bekommen.

Gleich mal ausprobieren

Auf der Seite www.nonosvamosnosechan.net findet sich eine interaktive Karte, auf der die Schüler sehen können, wo in der ganzen Welt spanische Arbeitsmigranten leben und wie ihre

Erfahrungen und Eindrücke sind. Dadurch können sich die Schüler besser in diese Menschen hineinversetzen – ein erster Schritt zum interkulturellen Lernen.

95 Austauschschüler integrieren

Begegnungssituation nutzen
Zweisprachige Tandems bilden

Es kommt immer wieder vor, dass einzelne Austauschschüler ein ganzes Schuljahr in unserer Klasse sitzen. Beschleicht Sie da auch manchmal das Gefühl, dass Sie diese authentische Begegnungssituation nicht genug nutzen? Eine gute Möglichkeit, das zu ändern, ist die Durchführung eines *face-to-face*-Tandems: In jeweils einer Spanischstunde pro Woche verlässt ein Schüler mit dem Austauschschüler den Raum. Die beiden haben die Aufgabe, sich zu einem bestimmten Thema auszutauschen, und zwar die Hälfte der Zeit auf Deutsch und die andere Hälfte der Zeit auf Spanisch. Themen könnten sein: Schulsystem, typischer Tagesablauf, Familienleben, Wochenendaktivitäten, Feiertage und Feste, die eigene Stadt, Essen, Idole und Stars, Fußball (oder andere Sportarten), Reisen, die Welt im Jahr 2050 usw. Im Idealfall stellen Sie als Lehrkraft dazu zweisprachige Tandemmaterialien zur Verfügung (z. B. mit typischen Bildern/Fotos zum jeweiligen Thema, Reimen, Liedern, Gedichten oder Sprichwörtern, siehe auch das Zusatzmaterial zu *Der fremdsprachliche Unterricht Spanisch 44*). Dann bearbeitet der deutsche Schüler die spanische Seite und erhält dabei Hilfe durch den Muttersprachler und umgekehrt. Aber auch ohne Vorlagen sind solche Gespräche ergiebig. Beide Schüler haben die Aufgabe, je ein Protokoll mit z. B. folgenden Rubriken anzufertigen:

- Datum – Name – Thema / *fecha – nombre – tema*
- Neues Vokabular: … / *vocabulario nuevo:* …
- Besonders interessant fand ich: … / *Lo que me pareció más interesante:* …
- Das ist mir aufgefallen: … / *Esto me llamó la atención:* …

Diese Protokollbögen werden entweder im nachfolgenden Unterricht präsentiert oder aber gesammelt und am Ende des Schuljahres als besondere Erinnerung an den Austausch zu einem deutschen Heft für den Austauschschüler und einem spanischen Heft für die Klasse zusammengestellt. Auch wenn eine ganze Gruppe von Austauschschülern zu Gast ist, lohnt es sich, die Schüler gemeinsam an Aufgaben arbeiten zu lassen. Produkte könnten z. B. sein:

Aufgabenorientiert arbeiten

- **Zweisprachige Zeitung:** Am Anfang des Besuchs wird gemeinsam entschieden, welche Rubriken die Zeitung haben soll (z. B. Aktuelles aus beiden Ländern aus Wirtschaft, Politik, Kultur und Sport, Aktivitäten der Gruppe, Anzeigen, Klatsch und Tratsch ...). Pro Rubrik werden ein deutscher und ein spanischsprachiger Redakteur benannt, die jeweils einen Artikel verfassen. In den Tandems werden die Artikel dann vom Muttersprachler geschrieben und gemeinsam in die Fremdsprache übertragen. Am Ende erhalten alle die so entstandene zweisprachige Zeitung.
- **Theaterstück:** Die Schüler sollen vier kurze Szenen erfinden, aufschreiben, einüben und aufführen. Themen sind beispielsweise: sich verlieben, verlassen und verlassen werden, warten, Rückkehr. Die Schüler können sich für eines der Themen entscheiden, es müssen sich aber jeweils Gastgeber und Gäste in den Gruppen befinden. Die Szenen selbst können entweder zweisprachig sein oder in beiden Sprachen gespielt werden.

Gleich mal ausprobieren

❱ Tipp 37

Eine Aufgabe, die in Richtung Sprachmittlung geht (Tipp 37), ist die Arbeit an Stadtplänen: Die Partner beschreiben jeweils in ihrer Muttersprache ihre Stadt, erläutern, welche Sehenswürdigkeiten es gibt, wo sie sich befinden, welches ihr Lieblingsort ist ... Die gehörten Informationen werden anschließend von der anderssprachigen Gruppe zu einer Art Reiseführer zusammengetragen, d. h. die deutschen Schüler hören die Information auf Spanisch und machen daraus einen deutschen Reiseführer der spanischen Stadt – und umgekehrt.

SOS-Tipp

In Ihrem Unterricht sitzen nicht spanischsprachige Austauschschüler, sondern Austauschschüler aus anderen Ländern, die noch überhaupt kein Spanisch können und in einem zweiten, dritten oder gar höheren Lernjahr hoffnungslos überfordert sind? Dann wägen Sie in diesem Fall ab, welches Ziel verfolgt werden soll. Auf keinen Fall sollten diese Schüler unbeschäftigt ihre Zeit absitzen müssen! Denkbar wäre, dass die Schüler für die Zeit des Spanischunterrichts eine alternative Aufgabe bekommen, z. B. eine Lektüre auf Deutsch zu lesen. Ist hingegen ein Einstieg in die spanische Sprache gewünscht, können Sie Lerntandems bilden. Oft tut es schwächeren Schülern gut, zu Hause noch einmal die Grundlagen des Spanischen zu wiederholen und sie im Sinne eines Lernen-durch-Lehren-Projektes an den neuen Mitschüler weiterzugeben. Dieser kann dann im Unterricht eigenständig an Aufgaben für Sprachanfänger arbeiten, die sein Partner wiederum korrigiert und somit selbst noch einmal wiederholt.

SCHÜLER IN DIE VORBEREITUNG EINER KURSFAHRT EINBEZIEHEN

96

Ministerposten verteilen

Sie wollen die Schüler aktiv in die Planung einer Studienfahrt einbeziehen und sich selbst zugleich entlasten? Das geht! Verteilen Sie im Vorfeld „Ministerposten" für unterschiedliche Aufgabenbereiche. So sind z. B. die Verkehrsminister dafür zuständig, herauszufinden, wie man vor Ort jeweils von A nach B kommt. Die Ernährungsminister kümmern sich um die Organisation eines Klassen-Picknicks oder suchen ein Restaurant für ein abschließendes gemeinsames Tapasessen. Die Sprachminister sind für Rückfragen im Hostal, das Bestellen der Rechnung im Restaurant und ähnliche Kommunikationsaufgaben zuständig. Vielleicht gibt es auch zwei Sportminister, die ein Volleyball-Turnier am Strand oder vergleichbare Aktivitäten organisieren? Für die verschiedenen Tage können zudem unterschiedliche Tourismusminister festgelegt werden, die dann als Experten durch einzelne *barrios* oder Museen führen. Ihrer Fantasie (und der ihrer Schüler) sind bei der Verteilung der Posten keinerlei Grenzen gesetzt! Ein wunderbarer Nebeneffekt: Indem Sie die Schüler bereits in die Planung einbeziehen, erzielen Sie mit Sicherheit eine (noch) höhere Akzeptanz und Identifikation mit dem erstellten Programm.

Identifikation mit dem Programm

Um die Ecke gedacht

Das Prinzip der „Ministerposten" lässt sich natürlich auch auf einfache Ausflüge oder auf die allgemeine Verteilung von Aufgaben in der Klasse (Klassenbuchminister, Kreideminister, Integrationsminister ...) übertragen.

97 NACHRICHT DER WOCHE VORSTELLEN LASSEN

Sie möchten Ihre Schüler an die spanischsprachige Nachrichtenwelt heranführen? Ein bewährtes Mittel ist da im (leicht) fortgeschrittenen Spanischunterricht das Ritual, jeweils einmal pro Woche von einem Schüler die Nachricht der Woche *(Noticia de la semana)* vorstellen zu lassen. Auf diese Weise trainieren die Schüler nicht nur das monologische Sprechen (Tipp 90), sondern erhalten zugleich Einblicke in die spanische und die lateinamerikanische Welt.

Ritual: *Noticia de la semana*

❯ Tipp 90

Stellen Sie dem Kurs zunächst die gängigen spanischsprachigen Tageszeitungen (z. B. *El País, El Mundo*), die mittlerweile alle online zugänglich sind, vor. Für eine erste Orientierung bietet es sich an, zunächst gemeinsam den Aufbau der Zeitungen zu klären, um die Schüler mit den verschiedenen Rubriken *(política, economía, deporte, cultura ...)* vertraut zu machen.

Online-Recherche

Woche für Woche übernimmt dann ein anderer Schüler die Aufgabe, zu Beginn des Unterrichts die Mitschüler über ein aktuelles Ereignis zu informieren. In der Wahl der Nachricht sind die Schüler völlig frei, sodass sie jeweils ihren eigenen Interessen nachgehen können. Im Idealfall entwickelt sich durch das Stöbern auf den Internetseiten sogar ein nachhal-

Neigungsorientierte Differenzierung

tiges Interesse an dem Thema, sodass die Schüler die Seiten auch weiterhin nutzen.

Um die Ecke gedacht
Eine Alternative zur Online-Recherche ist die Zeitung *Revista de la Prensa*, die einmal monatlich erscheint und einen Überblick über zentrale Nachrichten aus Spanien und Lateinamerika bietet. Die Texte sind jeweils mit Vokabelhilfen versehen und darüber hinaus gibt es sogar Unterrichtsmaterial zu einzelnen Artikeln. Für Schülergruppen gibt es vergünstigte Abonnements, sodass unter Umständen eine Anschaffung der Zeitung für den gesamten Kurs (oder auch kursübergreifend für interessierte Schüler) in Betracht kommt.

98 Selbst aktuell sein

Nichts ist älter als die Zeitung von gestern, wie man so schön sagt. Aber wie kann man als Lehrkraft im Bereich der riesigen spanischsprachigen Welt selbst immer auf der Höhe der Zeit – also der Information – sein? Das ist eine echte Herausforderung!

Wie wäre es z. B., wenn Sie sich die App von *Radio Nacional* auf Ihr Smartphone laden? Dann können Sie überall und jederzeit spanische Nachrichten und interessante Diskussionen zu aktuellen Themen hören, z. B. auf der Fahrt von A nach B im Auto oder in der U-Bahn, ohne deswegen zusätzliche Zeit vor dem Computer zu verbringen. Oder Sie nutzen die App von *El País* und überfliegen täglich die Schlagzeilen, sodass Sie stets im Bilde sind über die aktuellen Ereignisse in den spanischsprachigen Ländern (Tipp 97).

Wenn Sie gern fernsehen, ist die Internetseite der *Radiotelevisión Española* (www.rtve.es) das Richtige für Sie. Gleich auf der Startseite finden Sie mehrere Optionen: Entweder Sie wählen *En directo*, dann können Sie das laufende Programm verfolgen, oder Sie wählen *A la carta*, dann steht Ihnen das gesamte Angebot von TV-Serien, Nachrichtensendungen, Dokumentar-

› Apps nutzen

› Tipp 97
Radio und Fernsehen im Internet nutzen

filmen, Spielfilmen und auch Radiosendungen zur Verfügung, die Sie dann sogar unterbrechen oder wiederholen können. Auch für den Unterricht ist das eine Fundgrube!

Dass Sie den Newsletter Ihres Landesinstitutes und des *Instituto Cervantes* beziehen, um über Fortbildungsangebote oder kulturelle Highlights auf dem Laufenden zu sein, versteht sich wahrscheinlich von selbst.

Nutzen Sie also die Möglichkeiten der digitalen Medien. Nie war es so leicht wie heute, an aktuelle Informationen aus aller Welt zu kommen.

Eigene Stärken ausspielen

99

Eigene Stärken und Vorlieben in den Unterricht bringen

Eines der schönsten Merkmale unseres Berufs ist die Tatsache, dass wir – im Rahmen der Vorgaben – relativ flexibel und eigenständig arbeiten können. Nutzen Sie diese Freiheit und überlegen Sie sich, wo Ihre Stärken und Ihre Vorlieben liegen. Sie spielen ein Instrument oder singen gerne? Dann sollten Sie mit Ihren Schülern ein spanisches Lied einüben und es vielleicht sogar zu einem festlichen Anlass darbieten. Sie interessieren sich für Film und Fotografie? Dann sind Sie prädestiniert, mit den Schülern eine *fotonovela* oder einen Kurzfilm zu erstellen – mit etwas Ambition sogar als Beitrag für einen Wettbewerb. Sie sind begeistert von den Möglichkeiten der neuen Medien? Probieren Sie ein Wiki aus (Tipp

› Tipp 82

82) oder nehmen Sie mit Ihren Schülern ein Hörspiel auf, das Sie am Computer schneiden.

Einzigartig sein

Dieses Buch gibt Ihnen viele Tipps, wie Ihr Spanischunterricht gelingen kann. Beherzigen Sie diese Tipps, aber bedenken Sie auch immer: Sie sind als Lehrerpersönlichkeit einzigartig. Egal wie Sie Ihren Unterricht würzen, ob Sie gerne basteln, philosophieren, Spaß an Logik haben oder gerne spielen: Jeder hat etwas anderes zu bieten, und wenn Sie dies für Ihren Unterricht zu nutzen wissen, werden Sie durch Ihre Leidenschaft und Ihre Authentizität die Schüler schnell für Ihr Fach und die spanische Sprache begeistern.

Register

Abitur 23, 24, 25, 30
actividades antes/durante/después 39
Akrostichon 17
Alltagsvokabular 42
Andamiaje 52, 56
Anforderungsbereiche 23, 24
App 25, 98
Aufgaben 18, 40, 47, 54, 59, 61, 79, 80, 82, 95
Aufgabenformate 37, 39, 57, 64, 75, 81, 92, 93
Aufgabenmodellierung 57
Aufwärmübungen 55
Aussprache 48, 49
Ausstellung 15, 93
Austausch 95
Auswendiglernen 50, 62
authentische Inhalte 25
authentische Kommunikation 41
authentisches Material 10, 37, 91

Belohnung 65
Berichtigung 70, 72, 73
Bilder 15, 17, 18, 23, 24, 79, 93
Bilderrätsel 17
Bildwortfelder 42
Bingospiel 11
Blitzlicht-Runde 15
Brief an die Schüler 12

caja/tarjeta alemana 32, 36
charla de un minuto 3, 89
Checklisten 56, 66, 76
Chunks 7, 42, 50
concurso de poesía 54
corrección, 5 minutos de 3

Datenschutz 25, 82
diario 3
didaktische Analyse 20, 40
didaktische Route 40
Differenzierung 27, 34, 47, 57, 59, 60, 70, 74, 90, 91
digitale Medien 25, 98
Diskussion 27, 31
Dokumentation 77

eigene Stärken 99
Einsprachigkeit 26, 36, 37, 38
Einstieg/einsteigen 3, 16, 17, 19, 23, 35, 41, 46
Elfchen 86
Eltern 9, 35, 76
Elternabend 4, 9
Erwartungen der Lehrkraft 12
Erwartungshaltung der Schüler 12, 15, 41
Erwartungshorizont 20, 24, 71

Register 139

F
Fachschaftsordner 8, 57
Feedback 66, 67, 77, 78
Fehler (im Schriftlichen) 71, 72, 73, 74, 87
Fehlerkorrektur 3, 33, 34
Fehlerpapier 71, 72, 73
Fehlerprotokoll 74
Ferien 13, 14, 46, 84
Feste 13, 63
Film/Kurzfilm 80, 83, 89, 92, 94, 98
Fördermaterial 60
Fördern und Fordern 60, 61, 62
freies Sprechen 55, 90

G
Galgenmännchen 17
Ganzjahresplanung 6
Grammatik 5, 18, 21, 22, 28, 41, 80, 81, 82, 85
Gruppenarbeit/-bildung 2, 32, 34, 48

H
Halbjahresplanung 6
Hausaufgaben 4, 30, 34, 35
Heft 5, 95
Heterogenität 57, 60, 70
Hilfekarten 56, 59
Hörverstehen 38, 39, 75, 86
Hypothesenbildung 15, 24

I
Improtheater 55
Impuls 20, 23, 24, 31, 62, 78
individuell/Individualisierung 58, 59, 60, 67, 70, 72, 74, 81
interkulturelles Lernen 37, 89, 91, 94, 95
Internet 10, 16, 25, 82, 97

J
Jahreszeit 13
Joker 59, 65, 68

K
Kärtchen 19, 24, 35, 43, 52, 55, 59
Kennenlernspiele 11
Klassenarbeiten 30, 47, 54, 58, 59, 69, 70, 71, 72, 74, 76, 77
Klatschzeichen 3
Kommunikationskärtchen 18
Kompensationsstrategien 45, 55
Kompetenzraster 58, 60, 69, 72, 81
Konnektoren 52, 74
kooperatives Lernen 32, 34
Korrektur 3, 33, 64, 71, 72, 73
Kreuzworträtsel 17
Kriterienorientierung 4, 66, 67, 91
Kursfahrt 96
Kurzreferat/-vortrag 61, 63, 80, 90

L
Lebenswelt der Schüler 53, 63, 90
lebensweltliche Kompetenz 21, 22
Legastheniker 64
Lehrbuch/-werk 6, 8, 22, 25, 30 45, 57, 60, 79
Lehrbucharbeit 8, 14, 22, 38, 57, 79
Lehrerpersönlichkeit 99
Leistungsdokumentation 77
Leistungsstand 12, 46, 56, 66, 67, 81
Lektionstext 20, 22, 48, 50, 57
Lektürekoffer 86, 91
Lernen an Stationen 47
Lernen durch Lehren 22, 81, 95
Lernentwicklung 22, 67
Lernhilfe 29, 30
Lernstrategien 10, 66

Lernumgebung 1
Leseecke 1, 60, 91
Leseverstehen 75, 91
Lieder 1, 3, 50, 63, 85, 86, 95, 99

mapa mental / Mindmap 5, 15, 42, 52
Marktplatz 15, 55
mentales Lexikon 27, 42
Mitarbeit 4, 67
Mnemotechnik 51
Muttersprachler 61, 94, 95

Noticia de la semana 3, 97

Objektivität 75
Omniumkontakt 15, 55
Operatoren 23, 24
Ordnungssystem 5, 8

Partnerarbeit 2, 18, 24, 32, 43, 52, 88
Partnerfolie 18
Partnerkarte 18, 76
Passepartout-Aufgaben 83, 92
Planung (des Unterrichts) 6, 7, 12, 20, 21, 23, 34, 35, 40
Portfolio 5, 53
Powerlesen 48
Präsentation 34, 61, 63, 80, 90, 91
Probearbeit 47, 69

Quiz 16, 46, 47, 83, 84

Rallye 14, 44, 54, 81, 93
Realia 15
Redewendungen 44
Reliabilität 75
Rituale/Unterrichtsroutinen 3, 19, 33, 34, 35, 45, 55, 63, 97
„r"-Laut 49

Schreibkonferenz 74
Schüleraktivierung 62
Selbsteinschätzung 77
Selbstkontrolle 81
Semantisierung 26
Shadowing 48
Smartboard 10, 30, 33
Smartphone 16, 25, 30
Sonderstunden 80, 84, 89
Speeddating 86
Spickzettel 70, 74
Spiele 43, 84
Spracharbeit 2, 11, 40, 55
Sprachkalender 13
sprachliche Mittel 22, 40, 71
Sprachmittlung 37, 95
Sprachproduktion 17, 25
Sprachvorbild 36, 38
Sprechprüfung 19, 53, 76, 90
Standardstunde 86
Stundenprotokoll 30

Tafelanschrieb/-bild 26, 28, 29, 30, 36, 42
Tandem 32, 95
Tests 68
Textproduktion 52, 74
Transparenz 4, 9, 66, 67, 77

U

Übersetzung 37, 44
Übungen/Übungsmöglichkeiten 39, 41, 44, 47, 57, 58, 79
Unterrichtseinheit 15
Unterrichtsgespräch 20, 23, 31, 62, 77, 90
Unterrichtsstörungen 62
Unterrichtstempo 34, 62

V

Validität 75
Verabredungssystem 2
Vertretungsstunden 18, 88
Visualisierung 22, 28, 30, 51
Vokabelkärtchen 17, 35, 55, 79
Vokabeln/Vokabular 26, 27, 36, 43, 45, 51
Vokabeltests 42, 47, 68
Vorwissen 7, 10, 15, 24, 40

W

Webquest/Questweb 16, 81
Weihnachten 13, 84, 89
W-Fragen 56, 91, 92
Wiederholung 14, 46, 54, 80, 88
Wiki 80, 82, 99
Wimmelbilder 18
Wochenplanarbeit 81
Wörterbuch 14, 25, 44, 87
Wortschatz 5, 18, 21, 22, 27, 43, 82

Z

Zahlen 88
Ziel/Stundenziel 20, 21, 22
Zielklarheit 17, 31
Zungenbrecher/*trabalenguas* 2, 48, 49

Literaturhinweise

Alonso, Encina (2007): La evaluación en los tiempos de los estándares. In: Der fremdsprachliche Unterricht Spanisch 19, S. 17 – 22.

Azadian, Ramin (2014): Differenzierung als Chance begreifen. In: Hispanorama 145, S. 14 – 18.

Azadian, Ramin (2016): Erste Hilfe für das Referendariat und die Berufseinstiegsphase Spanisch. Stuttgart: Schmetterling.

Bönsch, Manfred (2010): Erfolgreicheres Lernen durch Differenzierung. In: Betrifft Lehrerausbildung und Schule 7, S. 5 – 11; siehe auch: http://www.bak-online.de/lvb/berlin/BLuS_Heft7_2010.pdf

Calderón, Isabel (2013): Quiero tener una mascota, pero mis padres no – Eine Lernaufgabe für junge Spanischlerner. In: Der fremdsprachliche Unterricht Spanisch 41, S. 14 – 17.

Diedrich, Margret (2015): Arbeitsblätter für den Spanischunterricht. In: Hispanorama 150, S. 94 – 98.

Heinen-Ludzuweit, Kerstin-Sabine (2016): Differenzierung auch bei Leistungsmessung. Geht das überhaupt? In: Der fremdsprachliche Unterricht Spanisch 53, S. 10 – 16.

Schulz von Thun, Friedemann (1981): Miteinander reden: Störungen und Klärungen. Psychologie der zwischenmenschlichen Kommunikation. Reinbek: Rowohlt.

Sommerfeldt, Kathrin (2011): Spanisch Methodik. Berlin: Cornelsen.

Sommerfeldt, Kathrin (2014): Kooperatives Lernen im Spanischunterricht. In: Der fremdsprachliche Unterricht Spanisch 44, S. 4 – 11.

Sommerfeldt, Kathrin (2016): Verfügen über die sprachlichen Mittel – Spracharbeit in Zeiten der Kompetenzorientierung. In: Der fremdsprachliche Unterricht Spanisch 55, S. 4 – 11.

Tschekan, Kerstin (2012): Kompetenzorientiert unterrichten. Eine Didaktik. Berlin: Cornelsen.

Vreugdenhil, Kees (1995): *Didactisch routeboek. Een leer- en werkboek voor de pabo.* Groningen: Wolters-Noordhoff.

Wlasak-Feik, Christine (2016): Evaluation mündlicher Leistungen in Klassenarbeiten – Praxistipps für Einsteiger. In: Der fremdsprachliche Unterricht Spanisch 53, S. 22 – 29.

Zerck, Katja (2005): La autocorrección de textos. In: Der fremdsprachliche Unterricht Spanisch 11, S. 22 – 27.

Themenhefte:

Hispanorama 145 (2014): Heterogenität.
Der fremdsprachliche Unterricht Spanisch 8 (2005): Hörverstehen.
Der fremdsprachliche Unterricht Spanisch 11 (2005): Aus Fehlern lernen.
Der fremdsprachliche Unterricht Spanisch 14 (2006): Sprechen.
Der fremdsprachliche Unterricht Spanisch 19 (2007): Umgang mit Standards.
Der fremdsprachliche Unterricht Spanisch 28 (2010): Individualisierung.
Der fremdsprachliche Unterricht Spanisch 39 (2012): Mündlichkeit.
Der fremdsprachliche Unterricht Spanisch 41 (2014): Lernaufgaben.
Der fremdsprachliche Unterricht Spanisch 43 (2014): Mündliche Sprachmittlung.
Der fremdsprachliche Unterricht Spanisch 44 (2014): Kooperatives Lernen.
Der fremdsprachliche Unterricht Spanisch 53 (2016): Evaluar.
Der fremdsprachliche Unterricht Spanisch 55 (2016): Spracharbeit.

Internetlinks:

Leitfaden zu den Fachanforderungen Spanisch: http://www.faecher.lernnetz.de/faecherportal/index.php?key=2&auswahl=107
Neigungsdifferenzierende Klassenarbeiten: http://bildungsserver.berlin-brandenburg.de/fileadmin/bbb/unterricht/faecher/sprachen/Aufgabenformate_zur_Neigungsdifferenzierung_in_Klassenarbeiten_im_FSU.pdf